Eduard Neuenschwander **Schwimmteiche**

Eduard Neuenschwander

Schwimmteiche

Zweite Auflage
117 Farbfotos
57 Zeichnungen und Pläne

E.U.

VERLAG
EUGEN
ULMER

Seite 2:
Das Wasserspiel in der Gruppe auf dem selbst gezimmerten Floß
vermittelt ursprüngliche Körpererfahrung

Seite 5:
Der Swimmingpool eines Doppelhauses als Spiegelbild des
Schwimmteiches auf dem folgenden Bild

Die Deutsche Bibliothek – CIP-Einheitsaufnahme

Neuenschwander, Eduard:
Schwimmteiche / Eduard Neuenschwander. – 2. Aufl. –
Stuttgart: Ulmer, 2000
    1. Aufl. u.d.T.: Schöne Schwimmteiche /
    Eduard Neuenschwander
    ISBN 3-8001-6672-0

© 1993, 2000 Eugen Ulmer GmbH & Co.
Wollgrasweg 41, 70599 Stuttgart (Hohenheim)
Printed in Germany
Einbandgestaltung: mit einem Foto des Autors
Lektorat: Ingeborg Ulmer, Wanda Lemanczyk, Hermine Tasche
Herstellung + DTP: Otmar Schwerdt
Druck: Dr. Cantz'sche Druckerei, Ostfildern
Bindung: Koch, Tübingen

Vorwort

Die Idee des Schwimmteiches hat doppelten Ursprung. Das Baden in der Natur bietet eine Erlebnisfülle, die wir bisher während kurzer Urlaubstage in der Ferne suchen mussten. Dabei ist es möglich, im eigenen kleinen Garten eine Schwimmanlage zu schaffen, die gestalterisch so in die natürliche Umgebung integriert ist, dass sie in hohem Maße die Stimmung eines natürlichen Gewässers vermittelt. Es kommt hinzu, dass eine solche Wasseranlage als Stück Natur zu jeder Jahreszeit die ihr eigene Schönheit behält und im Wechsel von Sommer zu Winter jedes Mal anders erlebt wird.

Die vorliegende Arbeit über Schwimmteiche steht im Zuge eines umfassenden Konzeptes der Zürcher Stiftung für Umweltkultur zur Wiederherstellung natürlicher Biotope im Stadt- und Siedlungsraum.

Der konservierende Naturschutz muss unterstützt und ergänzt werden durch die Förderung natürlicher Lebensräume im städtischen Umfeld. Damit findet nicht nur eine Verbesserung menschlicher Lebensqualität statt, sondern gleichzeitig eine Veränderung der geistigen Einstellung zu den Werten der Natur.

Geeignete wertvolle Lebensräume werden geschaffen. Naturerlebnis und Erholung, täglicher Umgang mit Pflanzen und Tieren vor der Haustüre und in Harmonie mit unbeschwerter Badefreude ist eine der Möglichkeiten für zukünftige Lebensformen.

Der Schwimmteich der anderen Gebäudeseite zum vorherigen Bild mit Reinigungstümpel am Kopfende

Rechts:
Die Wasserkante lädt zum Tummeln ein

Das Prinzip ist einfach. Der Schwimmteich ist eine Kombination von Schwimmbecken und Teich zur Wasserreinigung. Man badet also in einem Becken ohne jegliche künstliche Wasseraufbereitung. Dies entspricht jedem Naturteich, wobei die geringe Größe und die unter Umständen hohe Verschmutzung durch den Badebetrieb zu einer Veralgung und Schlammbildung führen können, die allenfalls ästhetisch die Badefreude mindert.

Das Buch soll nicht nur mit anregenden Stimmungsbildern verlocken. Es will vielmehr die Sicht der Natur und die Einstellung zu ihr verändern und Verständnis für die Gesetzmäßigkeit natürlicher Prozesse wecken. Gleichzeitig vermittelt es Grundlagen für die Ausführungstechnik. Nur einfache, durchdachte Lösungen versprechen ungetrübte Freuden und es wäre verhängnisvoll, gut gemeinte und richtige Ideen an technischen Mängeln scheitern zu lassen. Jedem Tun liegen aber unvoreingenommene Beobachtung und immer neuer Erfindungsgeist zugrunde. So soll es der Sinn dieses Buches sein, Erfahrungen zu vermitteln und allem fest gefügte, enge Vorstellungen und Erwartungen aufzubrechen.

Zahllosen Freunden und Kollegen verdanke ich Wissen und Anregungen. Namen zu nennen wäre Undank jenen gegenüber, die den Mut hatten, und sich das Unbekannte solcher Schwimmteiche zu wagen oder die sich an unzähligen unspektakulären Orten oft unter großen Opfern für die Bewahrung der Natur einsetzen. Es ist ein langer und meist düsterer Weg durch den Dschungel von Unwissen, Voreingenommenheit und Profitgier hin zu einem Umweltverhalten, welches hoffentlich die Menschheit eines Tages mit der Natur wieder ins Gleichgewicht bringt.

Eduard Neuenschwander
Gockhausen, im Sommer 1993

Inhaltsverzeichnis

Der Garten als Naturerlebnis

Schwimmen ist eine ganz eigene Art der Erholung. Das Gefühl des schwerelosen Schwebens, der kühle Reiz des Wassers auf der Haut und die ausgewogene Beanspruchung des ganzen Körpers beim Schwimmen bedeutet ein vielfältig sinnliches Erlebnis. Wie bei der Sauna lösen wir uns von den Dimensionen des Alltags und vereinen uns mit Ursprünglichem.

9

Der Garten als Naturlandschaft

Was wir im Urlaub in der Lauterkeit des Meerwassers oder eines Sees genießen, haben wir auf das perlende Kristallwasser eines Schwimmbades übertragen. Unter großem Aufwand an Energie und Chemie wird uns der Ersatz suggeriert.

Nicht ins Bewusstsein dringt dabei aber der Verlust des Raum- und Naturerlebnisses natürlicher Gewässer. Auf jedem Anzeigen- und Filmbild von fröhlicher Gesellschaft am Pool finden sich Attribute wie grüner weichfloriger Rasen, Sonnenschirm, weiße Liegestühle, farbige kuschelige Kissen und Tücher, der weiße Serviertisch mit Getränken. Belebt wird das Bild von attraktiv lächelnden Schönheiten und muskulösen eleganten Jünglingen. Diese Forderungen sind schön, aber nicht erfüllbar. Schließlich lässt sich Natur nicht in Großstadtstraßen zaubern, jedenfalls nicht mit Schwimmbädern.

Diese Form des Luxus und seine Beschränkung auf Künstlichkeit hat ihre Grenzen erreicht. Unser Bedürfnis nach Natürlichem dringt wieder durch, unser Naturverständnis und unser Verhalten zur Natur sind im Umbruch.

Die Zivilisation, im Konflikt mit der Biosphäre, erreicht heute die Grenzen der Existenzmöglichkeit. Damit ergibt sich die wesentliche Aufgabe, das tägliche menschliche Leben zu harmonisieren und damit den Drang in die Ferne und die Notwendigkeit der Erholung an fernen Orten zu reduzieren, wenn sie auch im Nahbereich der Wohnung erreichbar ist. Natur soll nicht in der Fremde gesucht werden müssen – und wenn sie nur eine halbe Stunde Autofahrt entfernt ist –, Natur soll vor der Haustüre beginnen. Der Lebensrhythmus Wohnen – Arbeiten – Erholen könnte vielerorts ohne allzu großen Aufwand wieder zu einem kontinuierlichen Ganzen werden.

Unter den vielen Bereichen urbaner Lebensqualität besitzt der Privatgarten einen flächenmäßig bedeutenden Anteil. In vielen Gärten spielt das Schwimmbad mit all seinen weiteren Attributen eine eigene Rolle und gilt als eine Art Statussymbol. Es ist aber unschwer zu erkennen, dass es dabei um niedrige biologische Qualität geht. Es besteht aus wenigen Faktoren: unbelebtes Wasser, zementierte, zu Terrassen verbreiterte tote Ufer, artenarmer Rasen und, wenn es hoch kommt, eine Randbepflanzung an wenigen

10

Stellen mit Strauch und Baum als karge Nachbildungen der Natur. Mit hohem pflegerischem Aufwand wird diese erlebnisarme und künstliche Umwelt sauber gehalten.

Diese Art der Gartengestaltung ist Ausläufer einer Gartenkultur in missverstandener Tradition. Doch hier geht es nicht darum, die Geschichte aufzuarbeiten, sondern im Garten ein wesentliches Stück unserer Umwelt zu erkennen und das Wirken der Natur darin als Partner neu erleben zu lernen. Wir beschränken uns in diesem Buch auf das Thema Wasser und Gewässer und auf die Frage, wie wir harmonisch in dem kleinen Rahmen, genannt »Schwimmteich«, davon Gebrauch machen können.

Biotop heißt Lebensraum

Ein Biotop ist ein Lebensraum mit allen in ihm befindlichen Lebensprozessen von Pflanzen, Tieren und Menschen. Sie stehen in gegenseitiger Abhängigkeit, und ihre Art wird bestimmt durch das Substrat – Boden, Luft und Wasser – zusammen mit dem örtlichen Klima.

Der Boden selektioniert wesentlich die Pflanzen und diesen folgen die ihnen zugehörigen Tiere. Dasselbe gilt für das Wasser in seinen vielen Erscheinungsformen wie Regen, Nebel, stehenden Regenpfützen bis zu den Tiefen der Ozeane.

Jede Pflanze und jedes Tier ist an eine bestimmte Umwelt und ein besonderes Klima angepasst. Entwicklungsgeschichtlich haben sich Stoffwechsel, Körperbau und Verhalten auf größtmögliche Existenzsicherung ausgerichtet. Dabei gibt es robuste Lebewesen mit einer breiten Anpassungsfähigkeit, die rund um die Welt vorkommen, und Spezialisten, die ihre Lebensansprüche nur in seltenen Nischen aus Kombinationen einmaliger Bedingungen befriedigen können. Solche Nischen sind beispielsweise Störungs- und Zerstörungsbiotope, die im Gegensatz zu stabilen, langfristig gewordenen Räumen stehen.

Somit gibt es Pflanzen und Tiere, die ihre Lebensweise ausschließlich auf frisch zerstörte Böden und gestörte Ge-

11

*Erste Begegnung mit Wasser –
Lust an und Scheu
vor dem Urelement*

wässer ausgerichtet haben und nur dort Bedingungen finden, unter denen sie existieren können. Sie sind hoch spezialisierte Pioniere. In unserer störungsfreien stabilisierten Landschaft ohne Überschwemmungen, Runsen, Bodenaufbruch und Ausschwemmung sind diese Arten verschwunden oder haben in den lokalen Zerstörungsnischen unserer Bauplätze letzte Refugien entdeckt. Sie sind deshalb »Kulturfolger«, weil sie im Stadtbereich verwandte Lebensbedingungen finden und ihr Verhalten anzupassen vermögen. Die große Chance und Aufgabe unserer städtischen Umweltgestaltung liegt darin, derartige Lebensräume zu schaffen, die einer Vielfalt von gefährdeten Lebewesen wieder eine Existenzmöglichkeit bieten. Der Gewinner ist dabei auch der Mensch, wenn er in seiner täglichen Umwelt den Reichtum und die Vielfalt an Natur erlebt, der er sonst fern wäre und die er nur mit Mühe aufsuchen könnte.

Es ist ein großes Glück, dass gerade solche gefährdeten Biotope durch ihre Mannigfaltigkeit und Schönheit unserer innerstädtischen Gartenkultur so sehr entsprechen und dass wir, wenngleich in beschränktem räumlichen Rahmen, durchaus differenzierte Boden- und Wasserbiotope ermöglichen können.

Der Garten und seine Räume

Vor den großen Güter- und Landumlegungen zeigte sich den Augen Nils Holgersons das Luftbild der Kulturlandschaft als feinteiliges Flickwerk der Äcker und Felder, durchzogen von gekrümmten Bachläufen mit dunklem Gehölzsaum und den hellen Nähten der Feldwege und Straßen, mit den bunten Flecken der Dörfer und Städte, gefasst vom Pelzwerk der Wälder.

Das bunte Kleid ist verblichen. Die kleinteilige Feldwirtschaft wurde von einer großflächigen Ackerbau-Industrie abgelöst; die Bäche und Flüsse dienen heute als technische Vorfluter und große landwirtschaftliche Gebiete wurden zu einem Gitter geometrischer Bauparzellen umstrukturiert.

Doch noch immer ist dies ein Netzwerk von Millionen individueller und verschiedenartiger Lebensräume. Mag das einzelne Geviert eines Gartens noch so klein sein, birgt es doch von der mikroskopischen Erdpore bis zu einigen Quadratmetern Grünfläche eine Mikrowelt an pflanzlichem und tierischem Leben. Respektieren wir diesen winzigen Maßstab, wird ein Riese aus ihm geboren.

In der Kleinteiligkeit und Verschiedenartigkeit der Gärten liegt die große Chance. Wir müssen nur gezielt handeln. Und dazu gehört es, die unterschiedlichen Bereiche des städtischen Gartens zu erkennen, seine Dreiteilung, seine Gegebenheiten und Möglichkeiten.

Jeder Garten ist eine eigene charakteristische Landschaft, die sich üblicherweise in drei Bereiche gliedern lässt: den architektonischen Raum, den Nutzgarten und den Schutz- und Randbereich.

Der architektonische Raum

Zugang und Zufahrt, Sitzplatz und dazugehörige Zierbereiche bilden mit dem inneren Hausgrundriss ein Ganzes. Gebäudeinneres und Außenraum sind nur durch eine gläserne oder gemauerte Membran getrennt, ihre funktionelle und visuelle Raumbeziehung bedingt sich gegenseitig. Dieser architektonische Raum mit seinen Belägen ist der Ort menschlicher Dominanz, und menschlicher Geschmack bestimmt Ausmaß und Orientierung, die Wahl der Beläge und die Art der Begrünung. Blütenschmuck, auch von seltenen und fremdländischen Pflanzen, hat hier seine Berechtigung. Selbst im Naturgarten können Exoten als Gäste ihren Platz haben, es ist nur die Frage, wie man diese Gäste behandelt und in die Gesellschaft integriert.

Die Erweiterung dieses gebauten architektonischen Gartenteils sind als Auslauf und Begegnungsraum der Rasen und die Wiese. Beides sind verwandte Pflanzengesellschaften und ihre Anlage bestimmt sich nach ihrer Nutzung als Aufenthalts- und Spielraum oder nach visuellen Ansprüchen.

Architektonische Beläge und der Rasen werden häufig durch ein drittes Element, durch eine Wasserfläche, ergänzt, die bald selbstverständlich sein sollte und sich vom starren Wasserbecken in Form von Brunnen, Wasserspiel oder

Schwimmbad zum beherrschenden und erlebnisreichen Gartenelement entwickeln kann: der Tümpel und der Teich. Ihnen werden die folgenden Kapitel gewidmet.

Der Nutzgarten

In irgendeinem Ausmaß – vom einzelnen Beerenstrauch oder dem Küchenkräuterbeet bis zum Gemüse- und Obstgarten mit Kompostierplatz für die häuslichen Abfälle – ist diesem Gartenteil eine gebührende Bedeutung zu geben. Die Ernte eigener Gewürze oder einer Frucht, das Heranwachsen und Reifen zu beobachten sind elementare Erlebnisse, die zu den wesentlichen Merkmalen des Bodenbesitzes gehörten.

Die Nahrungsbeschaffung und Versorgung gehören zum Boden und sind eine Verpflichtung im Umgang mit der Erde, die wir auch in kleinstem Umfang wieder wecken sollen. Gerade für Kinder ist der Weg zur Ernte – die Bearbeitung des Bodens, die Betreuung der heranwachsenden Fruchtpflanze – ein tief unbewusst wirkendes, prägendes Erlebnis. Hier können wir bei den Kindern bereits ökologisches Verständnis wecken und Blick und Gefühl für das Wirken der Natur erweitern.

Auch ein liebevoll gepflegter Kräuter-, Blumen- und Obstgarten ist ein Ökotop

Der Schutz- und Randbereich

So wie die moenia – die Stadtmauern – ehemals für die Siedlung Schutzgürtel und physische und kultische Einrichtung waren, waren es Zaun und Hecke für den Garten. Sie grenzten ihn ab gegen die feindliche umgebende Natur und schützen ihn vor Weidetieren.

Der herkömmliche städtische Garten ist noch heute wenig anders strukturiert. Die Randbereiche sind oft topographisches Anpassungsgebiet, als Rampen und Böschungen bieten sie Sichtschutz und dekorativen Hintergrund für die genutzten Gartenflächen. Oft ist es ein geizig gezogener Gürtel ohne Gebrauchswert, zum biologisch kargen Niemandsland degradiert.

Das müsste nicht so sein. Mit einheimischem Gehölz und den begleitenden Pflanzengesellschaften bestückt, kann dieser Saum das wertvolle Übergangselement zu großräumiger Verflechtung sein. Als wichtiges Hinterland weitet er

15

Die Sommerpracht natürlicher Verwilderung im architektonischen Kleingarten

den kleinen Garten, die geschützte Kammer in die große Landschaft der Siedlung und Stadt aus. Die kleinteilige, vielfältig gegliederte bäuerliche Landschaft, deren zunehmenden Verlust wir so beklagen, könnte in städtischer Entsprechung und abgewandelter Form wieder entstehen.

Damit aber kommen wir zu einem Konzept, das, großräumig gesehen, eine neue Vision zukünftiger Lebensweise weckt. Das Großbiotop Stadt- und Siedlungsraum wird aus einem Netzwerk vielfältiger Kleinlebensräume bestehen, die einen hohen Erlebniswert ins tägliche menschliche Leben flechten. Gleichzeitig lassen sich gezielt unzählige Lebensräume und Habitate für gefährdete Pflanzen und Tiere schaffen, welche hier auf selbstverständliche Weise ihre zerstörten natürlichen Lebensgrundlagen wieder finden.

16

Gewässer im Garten

Textausschnitt aus
Herman Melville »TAIPI« 1846

Als ich eines Tages mit Kory-Kory nach dem Fluss baden ging, beobachtete ich eine Frau, die mitten in der Strömung auf einem Felsen saß und gespannt den Sprüngen eines Lebewesens zusah, das dicht bei ihr im Wasser spielte und von mir zunächst für eine ungewöhnlich große Froschart gehalten wurde. Das seltsame Bild erregte meine Neugier, und ich watete nach der Stelle, wo sie saß. Ich traute kaum meinen Augen, als ich ein ganz kleines Kind sah, das erst vor wenigen Tagen geboren sein konnte und im Wasser herumpaddelte, als wäre es auf seinem Grund ausgebrütet worden und gerade an die Oberfläche gekommen. Mitunter hielt die entzückte Mutter ihm die Hände entgegen, wenn das kleine Ding einen schwachen Schrei ausstieß, seine kleinen Gliedmaßen streckte und nach dem Felsen zustrebte, und im nächsten Augenblick drückte sie es an ihren Busen. Das wiederholte sie immer wieder, und das Baby blieb jedesmal ungefähr eine Minute lang im Fluss. Ein paarmal verzog es das Gesicht, wenn es einen Mundvoll Wasser geschluckt hatte, und gurgelte und sprudelte, als wäre es am Ersticken. Dann hob es die Mutter hoch und brachte es auf eine Weise, die ich hier kaum beschreiben kann, dazu, die Flüssigkeit wieder auszuspucken. Ein paar Wochen lang beobachtete ich diese Frau, wie sie ihr Kind regelmäßig in der Morgen- und Abendkühle nach dem Fluss zum Baden brachte. Kein Wunder, dass die Südseeinsulaner eine amphibische Rasse sind, wenn man sie ins Wasser lässt, sobald sie das Licht der Welt erblickt haben. Ich bin überzeugt, dass Schwimmen für den Menschen genauso natürlich ist wie für eine Ente. Und doch sterben viele gesunde und kräftige Leute in zivilisierten Ländern wie junge Katzen, die man ersäuft, weil sich ein ganz geringfügiger Unfall ereignet.

17

Dieser autobiographische Reisebericht ist 1846 erschienen und schildert etwas, das über hundert Jahre später in der Medizin behandelt und bis zur Geburt unter Wasser ausdiskutiert werden sollte. Die geheime Beziehung zu diesem Lebenselement bekommt heute für uns eine zentrale Bedeutung, und es lohnt sich, den sorgsamen Umgang damit und den körperlichen und geistigen Genuss daran ausführlich zu erkunden.

In unserem Umweltdenken und in unserem Bewusstsein hat denn auch das Wasser seine wichtige Stellung zurückgewonnen. Feucht- und Nassstandorte sind zwar aus unserer Landschaft weitgehend verschwunden und damit viele Pflanzen- und Tierarten, die darin existierten. Doch im Naturgarten finden sich inzwischen Teich und Tümpel wieder.

Noch immer aber sind diese als zaghafte Versuche an den Rand gedrängt, und noch immer ist ein möglichst großer Rasen oder eine Wiese die Grundvorstellung von einem Garten.

Warum denn nicht einmal anders: der Wasserfläche den Vorrang einräumen und dem Rasen nur gerade so viel Platz geben, wie zum Aufenthalt und einfachen Spiel vonnöten ist? Die Rasenpflege verringert sich damit auf wenige Runden mit dem Handmäher, dafür erhält bei richtiger Gestaltung und Orientierung der kleine Garten eine Dimension, die selbst große Anlagen entbehren.

Ein derartiges Gewässer kann so eingerichtet werden, dass ohne Gefährdung der anliegenden Pflanzen und Tiere auch gebadet werden kann. Hier beginnt eine neue Welt des ökologischen Wohlstandes und der Gartenkultur. Hier werden Erlebnisbereiche erschlossen, die im kleinen Garten nicht mehr existieren und wie bei Melvilles Schilderung dem Menschen Ursprünglichstes wieder geben.

Zwei Voraussetzungen dazu sind aber unabdingbar: Geduld und Verständnis für die ökologischen Zusammenhänge in der Natur und eine sehr sorgfältige Einbindung und Orientierung des Gewässers und der Topographie auf dem Grundstück unter Einbeziehung des benachbarten Geländes.

Das herkömmliche Schwimmbecken erhält meist seinen Platz in einer Gartenecke, in der es nicht auffällt. Die häss-

19

Rechts oben:
Dieselbe Uferstelle wie unten
nach zwei Jahren. Man beachte
die Algen im seichtwarmen
Wasser: mit dem Netz wären sie
in Minuten abzufischen

Rechts unten:
Verschiedene Verwendungs-
formen des Porphyrgesteins als
massive Tisch- und Bodenplatten
sowie wildgeformte bruchrohe
Spaltplatten

liche Abdeckung macht es zu einem großen Teil der Tages- und Jahreszeit zu einer unschönen technischen Möblierung und es ist weit entfernt davon, ein landschaftsgestalterisches Element zu sein.

Ganz anders der Teich: Wir legen ihn ins Zentrum des Gartens und an den Sitzplatz. Teich und Sitzplatz bilden das Herzstück des Gartens. Die Raumfolge von Wohnraum – Gartensitzplatz – Teich entspricht der Erlebnisfolge von Wohnen und Naturgenuss.

Der Sitzplatz am Wasser

Die Wasserfläche des Teiches oder des Schwimmteiches direkt am Sitzplatz erzeugt eine einzigartige Stimmung. Sonnenschein und Regen, das Spiegeln der Wolken und der Gestirne werden völlig neu erlebt, der kleine Garten gewinnt optisch an Weite.

Seitlich können sich Rasenflächen und ein Nutzgarten anschließen. Den Hintergrund bilden schwerer zugängliche Spezialbiotope und schützende Gehölze. Alle pflanzlichen und tierischen Lebewesen brauchen ungestörte Bereiche, und es gehört zur großen Kunst der Raumorganisation, das ganze Gebiet im Sinn der zuvor besprochenen Dreiteilung die Bewohner zu nutzen oder als Binnenbereich für Pflanzen und Tiere zu schonen. Bei der Orientierung und Gestaltung der Ufer ist zu beachten, dass Tiere auf beste Besonnung angewiesen sind und ihnen das nötige Hinterland überlassen wird.

Das architektonische Ufer, Sitzplatz und wohnlicher Außenraum, bestimmt wesentlich die Orientierung der weiteren Uferbereiche und insbesondere die Höhe des Normalwasserstandes. Das Gewässer darf nicht in einem Loch versenkt liegen, sondern seine spiegelnde Fläche soll Teil des gebauten Ufers werden. Bei ebenen Anschlüssen ist ein Niveau-Unterschied zur Gartenkante bis zu 10 cm ideal, wobei man an den steigenden Wasserspiegel bei Regen denken muss. Je nach Material oder Gestaltung von Stufen verändert sich diese Proportion.

Attribute eines Sitzplatzes am Wasser: Treppe zum Einstieg, Holz mit Moorbeet, Kies

*Querschnitt durch die
Teichbereiche mit Verlandungszone
und ein Unterwasserschwimm-
becken*

Wenn einmal der Sitzplatz und damit der Kopf der Wasseranlage bestimmt und charakterisiert ist, führt man sich die Vielfalt der Gewässerbereiche und ihren Bezug zum umgebenden Land vor Augen. Daraus leiten sich die gestalterischen Anordnungen und Strategien im Hinblick auf ökologische Zusammenhänge im vorliegenden Gartensystem ab.

Gewässerbereiche

Beim Wort »Gewässer« denken wir unwillkürlich – also automatisch und unserem kritischen Denken entzogen – an einen Teich oder an einen See, vielleicht auch an ein fließendes Gewässer.

Doch wer denkt an eine Regentonne? Oder an einen wassergefüllten Blumenuntertopf, eine Regenwasserrinne oder eine Pfütze und Karrenspur nach einem Gewitter? Alle sind sie extreme Kleinbiotope mit der nur ihnen eigenen Pflanzen- und Tierwelt, deren Schicksal und Existenz von ihren einmaligen mikrobiotischen Bedingungen abhängen.

SITZPLATZ

EINSTIEG   GEBAUTES BECKEN   WASSERSTAND

1.00   1.50

UNTERWASSER-
GEMÄUER,

EV. ABLAUF
PUMPENSUMPF
SOHLEN ENTWÄSSERUNG

SCHWIMMBECKEN,

Am Kleingewässer finden sich entsprechende Nischen, und wir müssen mit dem Verständnis für solche Zusammenhänge all die schön begrünten Tümpel und Teiche für's Erste einmal vergessen, um auf die Ursprünge zurückzukommen.

Das reichhaltigste Leben spielt sich nicht etwa in der Gewässertiefe ab – selbst diese ist noch vielfältig genug –, sondern am Ufer und in den Untiefen und Seichtwasserzonen, in den brachen, kiesigen und schlammigen Substraten am Gewässersaum. Deshalb sind gerade diese Gewässerbereiche besonders wichtig und spielen bei der Planung und Anlage eines Teiches oder Schwimmteiches eine vorrangige Rolle.

Form und Orientierung

Die Ufer als Nahtstellen zwischen Land und Wasser sind biologisch und gestalterisch am empfindlichsten und deshalb die bestimmenden Bereiche. Sie zeichnen die Form des Gewässers, schaffen die eigentliche Landschaftsatmosphäre und sind Lebensraum und Passage für Tiere und Menschen.

23

*Orientierung von Gebäude
zu Sitzplatz und Wasserfläche*

24

Die Grundstücksgrenzen und die Lage des Gewässerkopfes am Sitzplatz bestimmen die Möglichkeiten. Zwei Interessen sind dabei zur Deckung zu bringen: Auf der einen Seite ist es das landschaftsgestalterische Interesse, nämlich die visuelle Vergrößerung der Wasserflächen durch Perspektiven mit einem Bezug zum nahen und fernen Hintergrund und das Einbinden der Ufer in die Umgebung sowie die Nutzung des übrigen Gartens. Eine einzelne Föhre am Teich beispielsweise weitet – in richtiger Perspektive – den Garten über die Grenze hinaus bis zu einer fernen Föhrengruppe.

Auf der anderen Seite steht das ökologische Interesse, nämlich die vielfältige Gliederung in Buchten und Vorsprünge, offene Flachwasserzonen mit kiesigem und schlickigem Untergrund und Folgen von wechselnder Vegetation und gut besonnten, geschützten Plätzen.

Allzu leicht vergisst man auf dem weißen Plan die Geländehöhen. Zur Raumperspektive gehört ebenso sehr das Raumerlebnis vom Standpunkt des Betrachters in Bezug auf die Wasserfläche oder gar auf verschiedene Gewässerebenen wie in der nebenstehenden unteren Zeichnung (siehe auch Beispiel Seite 116).

Beim Schwimmteich kommen Überlegungen in Bezug auf technische Machbarkeit und ganz besonders auf Wasserbewegung und Wellenschlag hinzu. Die Störung durch vernünftigen Schwimmbetrieb ist keineswegs naturfeindlich, die Wasserwirbel bringen Durchlüftung und Besonnung und zeitweiser Wellenschlag schadet eingewachsenem Pflanzenbestand in keiner Weise.

Das Hinterland

In der Gesamtkomposition des Gartens formt sich das Bodenrelief von der Gewässersohle bis zu den Höhenknoten des Sitzplatzes mit den angrenzenden Rasen- und Wiesenflächen. Zugang und Zufahrten sowie die Grundstückskanten beschreiben die Anschlüsse. Binnenzonen entlang den Grundstücksgrenzen werden als räumliche Marken modelliert. Sie sind mit ihrer zugehörigen Vegetation Blickschutz,

beeinflussen das Kleinklima und bilden Lebensraum für Molche, Kröten und Frösche, die auf das nahe Wasser angewiesen sind. Dieses Hinterland vernetzt großräumig die Spezialbiotope eines Gebietes. Bei geringem Unterhalt und nur begleitender Pflege bietet sein vielfältiges Erscheinungsbild nicht nur ein Naturerlebnis, sondern macht Kleingärten großräumig, ist Raum für den Austausch von Populationen und dient zur ökologischen Stabilisierung.

Links:
Wer ahnt, dass dieser
50 m² große Teich auf einem
Garagendach liegt?

Die Ufer

Im Bereich des Sitzplatzes bildet der Plattenbelag das architektonische Ufer und seine Kante überbrückt den Höhenunterschied zur Wasserfläche. Dieser Niveau-Unterschied wird so gering wie möglich gehalten, 5–10 cm sind ideal, wobei an das Ansteigen der Wasserfläche bei Gewittern zu denken ist. Beim Schwimmteich wird diese geometrische

Kiesbänke

27

Stufen zum Wasser

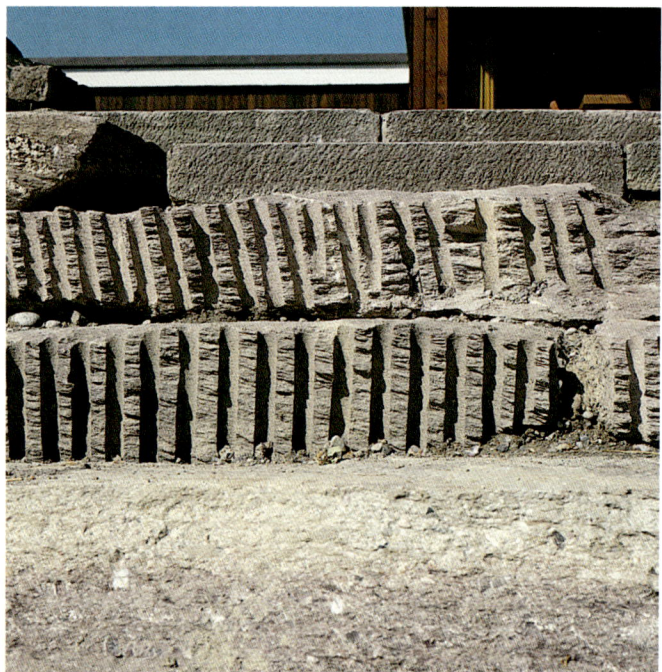

Kante des Einstieges zum Relief und integriert den Badebetrieb und den häuslichen Sitzplatz am Wasser.

Dieses architektonische Ufer fließt über in ein nicht oder nur spärlich begrüntes Kiesufer. Es ist eine heiße Trockenzone mit starker struktureller Wirkung: Kies, Sand und jegliche Art von Findlingen und Bruchsteinen entsprechen einem Zerstörungsbiotop, das Lebensgrundlage für eine ganze Reihe von Spezialisten ist. Wenn es räumlich und organisatorisch noch gelingt, dem Wasser eine wechselnd überflutete Zone vorzulagern mit stehenden Tümpeln, deren Wasserspiegel bei Regen steigt und deren Vorland bei folgendem Schönwetter trocken gelegt wird, ist es gelungen, eines der seltensten und wichtigsten Biotope zu schaffen. Im Kleingarten werden wir nicht darum herumkommen, mit dem Rasen bis ans Wasser zu dringen. Der Saum zum Wasser darf jedoch nicht als Rasen gepflegt werden, sondern er wird als unregelmäßig beschnittene Gras- und Krautschicht einer spontanen Entwicklung überlassen. Damit verwischt

28

sich der Übergang zum Wasser und zu dessen Pflanzenbestand und bildet eine eigene kleine Gesellschaftsfolge. Er
wird fließend und differenziert und ist wiederum auf seine
Art ein überbrückendes Kleinbiotop.

Die Größe eines Gartens, seine Organisation und Orientierung – Besonnung, Durchblick und Ausblick – bestimmen, in welchem Maße diese Grenzwiesen erweitert und
durch Gehölz und Bäume gegliedert werden können. Beschattung und Laubfall müssen sorgfältig überlegt werden.
Größere Sträucher und Bäume binden perspektivisch zum
Hintergrund und erweitern visuell die geringen Dimensionen des Privatgartens. Auch sie sind Brücken zum Hinterland und zugleich wichtige Klimafaktoren.

Überschwemmungsbiotope

Das schon genannte Überschwemmungsbiotop ist eine Zone,
von der in der Gartenkunst noch nie gesprochen wurde. Störung und Zerstörung durch Überfluten und Austrocknen ermöglichen ganz speziellen Pflanzen und Tieren das Dasein.

Der unregelmäßige Feuchtigkeitshaushalt und das extreme Kleinklima verhindern Dauergesellschaften. Pflanzliche
und tierische Kleinstlebewesen, aber auch Unken, Kreuz-
kröten und Laubfrösche finden hier ihre Existenz. Leider
wird es nicht möglich sein, die einst an warmen Orten heimische Sumpfschildkröte an solchen, ihr entsprechenden
Orten wieder anzusiedeln.

Flachufer

Der wechselhafte Bereich senkt sich über dem seichten
Flachwasserboden aus Kies oder lehmigem Rohboden unter
den Normalwasserstand. An heißen Tagen wird das Wasser
handwarm, im Winter vereist es bis auf den Grund. Für
viele Tiere ist es Vermehrungsbereich und Laichzone, und
die entsprechende Flachwasservegetation beeinflusst das
Kleinklima. Gleichzeitig ist es der klassische Verlandungs-
streifen. Seggen, Binsen und Gräser, der wuchernde Bitterklee und Moose verdrängen die offene Wasserfläche. Fleckenweise muss der Pflanzenteppich abgestochen oder müssen einzelne Horste weggezerrt werden, um das offene
Wasser zu erhalten. Die Verlandung ist ein biologisches

Karrenspuren,
Überschwemmungsbiotop

Das andere Moorbeet

Krisen- und Kriegsgebiet, das nach Störung und Zerstörung verlangt und dadurch ständig das Gesamtbild dieses Gartenteils verändert.

Diese flache Wasserzone ist aber auch ein hervorragender Plansch- und Schutzbereich für Kleinkinder. Hier erleben sie die Lust am warmen Nass und vermögen sich aus eigener Kraft über Wasser zu halten. Planschbereich, vegetationsarme steinige Seichtzone und Verlandungsgürtel sind biologisch und gestalterisch hervorragende Gartenelemente.

Die Klammer vom Ufer ins Wasser bilden Baumstämme und Fallholz. Im Bereich der Pflanzenzone bieten sie den Kindern Halt und Schutz, im Naturbereich bilden sie Stützen und Nischen. Sie werden sich bald begrünen und bemoosen und das Auge durch ihr malerisches Relief erfreuen. Oft lässt sich das Holzwerk in ein angrenzendes Moorbeet integrieren und der kleinklimatische Feuchtigkeitsfluss auf natürliche Weise vom Wasser ins Moor erstrecken.

30

Moorbeet

Was gemeinhin unter Moorbeet verstanden wird, ist eine gärtnerische Zieranlage mit Torferde und hat weder vom Substrat noch von der Bepflanzung her mit einem einheimischen natürlichen Moor etwas zu tun.

Aber auch am natürlichen Moorbeet können die Wünsche nach ungewöhnlichen Gehölzen und Blütenpracht erfüllt werden und zugleich die Voraussetzungen für ein Biotop geschaffen werden, in dem sich einheimische Vegetation mit fremdländischen Rhododendron-Wildarten vergesellschaftet.

Am Wasser, jedoch von ihm abgetrennt, wird eine 60 bis 80 cm tiefe, gut entwässerte Grube erstellt. Sie wird mit Astwerk belegt, mit Holzschnitzeln angefüllt und schließlich mit Rohtorf durchmischt und überdeckt. Baumstämme gliedern das Moorbeet und binden es zum Gewässer, woraus es ja eigentlich entstanden sein könnte. Das saure Substrat selektioniert nun die spontane Vegetation, die sich um die Wildformen von Azaleen, immergrünen Rhododendren und anderen sauren Boden liebenden Kleingehölzen vergesellschaften. Ein derartiges Moorbeet kann in unzähligen Kombinationen und Übergängen erstellt werden. Das offene Wasser geht über einen flachen Nass bereich über ins wechselfrische eigentliche Moorbeet mit morschen Stämmen und Strünken, und diese wiederum greifen ins trockene, heideartige Hinterland mit modrigem, sandigem Boden.

Fremde Rhododendren als Gäste

Untiefen

Die strukturelle Vielfalt der Uferbereiche setzt sich als Kleinlandschaft im seichten Wasser fort. Je zerklüfteter der Boden ist mit Lehm, Kies, Steinbrocken und Holz, desto nischen- und artenreicher wird das Biotop. Es ist die Kinderstube unzähliger Tiere – von Einzellern bis zum Laich der Frösche und Fische. Hier steht schon das Röhricht der Binsen, Schilf und Rohrkolben. Hier liegt die Verlandungsfront, das Vorland des Ufers, das Hinterland des Gewässers.

Das Röhricht darf nicht das ganze Ufer säumen. Je nach Größe und Orientierung der Anlage soll es sich auf ein Drittel oder auf die Hälfte der Uferlinie beschränken. Dieses Verhältnis differenziert nicht nur Vegetation und Tierwelt

31

und macht die Landschaft optisch interessanter, sondern vermindert auch den Aufwand im Kampf gegen die Verlandung. Beim Schwimmteich entschärft sich das Problem meist deshalb, weil von der Benutzung her größere Uferpartien freigehalten werden.

Die Seichtzone senkt sich auf eine Berme, ein Unterwasserpodest, in etwa 70 cm Tiefe. Sie hat mehrfachen Sinn.

Als erstes ist es ein Umgang, der auch Kindern das Stehen erlaubt und deshalb Sicherheit bietet. Weiterhin dient es als Auflager für Unterwasserverbauungen zur Verankerung von Holzwerk, zum Halt der Böden und zum Bau von Nischen.

Als drittes ist es ein Tiefenbereich, auf dem sich Röhricht und schwimmende Wasserpflanzen verankern.

Das tiefere Wasser schließlich ist klimatisch von großer Bedeutung. Es ist der eigentliche Lebensraum der Fische, ihr Fluchtbereich und ihre Überwinterungszone. Die Wassertemperatur ist hier ausgeglichen. Mit der Zeit freilich sinken Laub, Zweige und Zersetzungsstoffe auf den Grund, und in den sauerstoffarmen Bereichen beginnen die anaeroben Fäulnisprozesse. Auch sie sind notwendig, solange das sauerstoffreiche Wasservolumen im rechten Verhältnis dazu steht. Der Schwimmteich bietet nun den Vorteil, dass einmal die Tiefwasserzone am Boden regelmäßig gereinigt wird, um beim Badebetrieb keinen Schlamm aufzuwirbeln, und dass zum anderen durch die Wasserbewegung auch die angrenzenden Binnenwassergebiete durchströmt werden. Bei Anlagen mit abgetrenntem Schwimmteil ist die Schlammbildung nicht störend.

Wasser als Lebensraum

Meine Algengärten

Wasser ist Lebensraum. Es übersteigt nahezu unsere Vorstellung, dass jedes schwebende Nebelteilchen und jeder fallende Regentropfen in sich ein
kleiner Kosmos voller Leben ist. Die Luft ist erfüllt von Staub,
Sämchen, Sporen, Bakterien und Algenteilchen, die sich bei
der kleinsten Wasserkondensation ans Leben spendende Nass
binden. Als fruchtbarer Aufguss benetzen die Niederschläge
den Boden, düngen ihn mit gelösten Mineralien und impfen
ihn mit Keimen. Eine münzengroße Pfütze ist im Augenblick
ihres Entstehens ein Ökotop, in dem sich die pflanzliche und
tierische Gesellschaft organisiert und Zuzügler aufnimmt.

In jedem Biotop bilden sich für jedes Entwicklungsstadium die dem Substrat und Klima angepassten Pflanzen- und
Tiergesellschaften und je vielfältiger die Voraussetzungen
sind, desto dauerhafter sind die Bestände.

Ein mit Regenwasser angefüllter Unterteller, die Regenwassertonne oder Gießkanne sind verhältnismäßig artenarme Biotope. Bei extremen Voraussetzungen darf es uns nicht

34

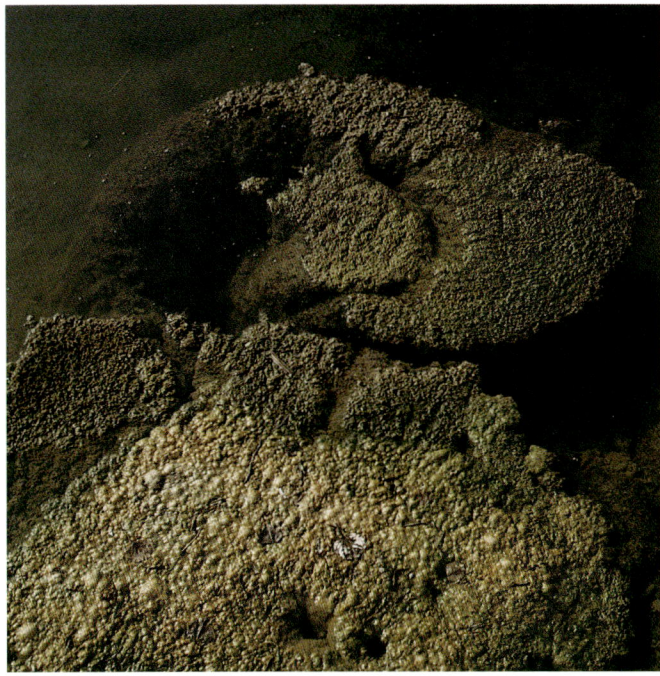

Das Ornament der Fadenalgen

wundern, wenn plötzlich Mücken und Stechmücken zur Plage werden. Es fehlen ihre Feinde, und es braucht nur noch Tageshitze, um in derartigen Lebensräumen das letzte Leben auszulöschen und stinkende Jauche zu hinterlassen.

In einem gesunden Gewässer schwanken wohl die Bestände im Wechsel mikroklimatischer Veränderungen, doch immer finden sich Nischen, in deren Schutz sich Populationen erholen und das Gleichgewicht wieder herstellen. Eine in Relief und den Bodenmaterialien vielfältige Unterwasserlandschaft sichert somit differenzierte Pflanzen- und Tiergesellschaften.

An schönen Sommertagen sind die Bäder unserer Seen überfüllt. Man genießt die Kühle des Wassers und unbewusst das Einssein mit der Natur. Niemanden stört es, wenn man nicht mehr auf den Grund des Gewässers hinabsieht, die natürliche Trübung ist selbstverständlich.

Am eigenen Kleingewässer nehmen wir plötzlich wahr, wie sich je nach Jahreszeit und Witterung das Wasser ver-

35

wandelt: kristallklar bis zum Boden, braunschwarz oder trübe grün.

Die kleinklimatischen Einflüsse können schlagartige Reaktionen des Planktons auslösen, dessen kurze Entwicklungsdauer wie in Zeitraffung die Ökologie eines Gewässers illustriert. Solange dieses dynamische Gleichgewicht spielt, ist das Gewässer gesund.

Zum biologischen Gleichgewicht gehört es auch, dass jegliche Fremdkörper als Eindringlinge bekämpft werden. Unter sich halten die »Einheimischen« Frieden und sind auch an die Lebensbedingungen gewöhnt. Mit Sicherheit werden ortsfremde Keimlinge durch Bakteriophagen vernichtet, und man darf mit gutem Gewissen sagen, dass jedes natürliche Gewässer in Bezug auf Hygiene und Infektionsgefahr weniger problematisch ist, als wenn wir unserem Nachbarn die Hand zum Gruß geben.

Die Wasser-Reiniger

Das köstliche Nass einer chemischen Verbindung mit der einprägsam simplen Formel H_2O hat die löbliche Eigenschaft, organische und anorganische Fremdstoffe gelöst zwischen seinen Molekülen einzulagern. Das Wasser ist verunreinigt, vielleicht sogar verschmutzt, ohne dass wir dies immer mit unseren Sinnen wahrnehmen.

Je nach dem Maß und der Zusammensetzung dieser gelösten organischen und anorganischen Verbindungen und Gase und je nach den Strömungen, Licht- und Druckverhältnissen entwickelt sich darin ein Kosmos von pflanzlichen und tierischen Lebewesen. Wie in unserer Makroumgebung ist es ein dynamisches Gleichgewicht pflanzlicher und tierischer Gesellschaften von Einzellern bis zu Fadenalgen und Insektenlarven. Sie leben am Ursprung der Materie, an der Grenze zu rein chemischen Prozessen, und sie sind es, die unser Wasser trotz aller Verschmutzung immer von neuem von organischen Verbindungen säubern.

Diese Selbstreinigung des Wassers und die Voraussetzung dazu ist Grundbedingung für unsere »handgemachten« Gewässer und ganz besonders für unsere Badeteiche. Diese Mikrowelt können wir nicht beeinflussen, indem wir einige Arten durch Abfischen dezimieren oder gezielt mit Medikamenten und Giften einwirken. Nur die Voraussetzungen können wir verändern, Verschmutzungen reduzieren oder das Gewässer derart gestalten, dass die Lebensräume und die Nährstoffe die Entwicklung geeigneter Biozönosen zur Selbstreinigung begünstigen.

Bedenken gegenüber dem Baden im eigenen Teich entstehen aus Unwissenheit und aus der Unsicherheit, wie die Wasserqualität einzuschätzen ist und die Fähigkeit des Wassers zur Selbstreinigung. »Der Teich kippt um«, ist im Volksmund Ausdruck einer ständigen Befürchtung; er bezeichnet Unheimliches, Bedrohendes und nicht Beherrschbares. Der stinkende Pfuhl ist geradezu ein tiefenpsychologisches Engramm in jedem Menschen. Die Furcht vor der Unabänderlichkeit der biologischen Vorgänge im Wasser muss der Einsicht in dieses Geschehen weichen. Dann lassen sich Entwicklungen erkennen und die grundsätzlichen Leben erhaltenden und fördernden Tendenzen in der Natur unterstützen.

Wasserqualität

Für die Beurteilung des Wassers bezüglich seines Gehalts an organischen Stoffen und seiner Fähigkeit zur Selbstreinigung gelten die vier Güteklassen I–IV.

Dabei werden im Wesentlichen drei Zonen unterschieden: die oligosaprobe, das heißt wenig mit organischen Stoffen durchsetzte, die mesosaprobe, also mäßig mit organischen Stoffen durchsetzte und eine polysaprobe, die stark mit organischen Stoffen durchsetzte Zone.

Wassergüte I

Die Wassergüte I der oligosaproben Zone entspricht Ansprüchen an das Trinkwasser oder an Wasser aus Niederschlägen. Dies kann Quellwasser und Grundwasser sein. Wir sind damit am Ursprung der Wassergewinnung.

37

Beispiele von Plankton

Auf dem langen Weg durch die Tiefen des Gesteins wird das Wasser von allen festen Verunreinigungen gesäubert, reichert aber unter Druck gelöste mineralische Verbindungen und Gase an. Unzählige Mineralquellen sind durch ihre chemischen Zusätze berühmt und werden medizinisch genutzt.

Quellen aus eher oberflächlichen Bodenbereichen sind ebenfalls kristallklar gefiltert, und auch ihr Wasser hat oft auf seinem Weg fremde Stoffe gelöst. Wie oft trifft man auf breite Quellhorizonte, wo unter Luftzutritt der gelöste Kalk ausgeschieden wird: Auf dem dauerfeuchten Boden wachsen Moose und andere niedrige Pflanzen, die mit dem Kalk

38

Gehäuseflagellaten

verkrusten. Der Boden baut sich wie Torf auf und verstei-
nert zu Tuff.

In den Niederungen liegen die großen Grundwasser-
becken und ziehen die Grundwasserströme dahin. Sie sind
die eigentlichen Reservoirs für den ungeheueren Trinkwas-
serbedarf von Städten und Industrie. Wohl filtrieren die ge-
waltigen Deckschichten des Untergrundes jegliche festen
Bestandteile, doch gelöste chemische Verschmutzungen der
Oberflächenwasser dringen bis in die Tiefe.

Sehr oft wird für die Trinkwasserversorgung auch Wasser
aus Seen bezogen. Nach mechanischer Filtration wird es je

39

nach Voraussetzungen mehr oder weniger stark gechlort, so dass schließlich ein Wassergemisch den Hahn verlässt, das – biologisch gesehen – tot ist. Daran ist zu denken, wenn eine Teichanlage erstmals gefüllt wird oder nach langer heißer Trockenzeit Nachfüllung verlangt. An heißen Tagen erwärmen sich die kleinen Teiche und vor allem die Untiefen so stark, dass nahezu der ganze gelöste Sauerstoff abgegeben wird und wir die Fische nach Luft schnappen sehen. Dann ist man versucht, frisches Wasser aus der Leitung nachfließen zu lassen, was aber katastrophale Folgen haben kann. Beim Bau des Teiches müssen deshalb Bereiche mit genügend Wassertiefe und auch dauernder Beschattung vorgesehen werden.

Dritter Ursprung der Wasserqualität I sind die Niederschläge. Sie sind Kondensationsprodukte und eigentlich chemisch reines H_2O. Doch unter den klimatischen Verhältnissen der Atmosphäre und den in der Luft enthaltenen Stoffen absorbieren sie schon vom ersten Augenblick ihrer Entstehung an feste und gasförmige Substanzen ihrer Umgebung und fallen dann als mehr oder weniger aggressive Säure auf Stadt und Land.

Auf den Dächern lösen sie Kalk und andere Chemikalien und werden – in der Traufe gefasst – dem Boden oder unseren neu angelegten Gewässern zugeführt. Was einst ein oligotrophes, das heißt nährstoffarmes Nass war, düngt heute unsere Seen und Teiche und es gehört mit zu unseren Überlegungen, welchen Beitrag wir bei der Anlage unserer Gartengewässer zur Entwicklung einer biologischen Reinigung leisten.

Wassergüte II

In einem vielfältig gegliederten, von Pflanzen und Tieren belebten Gewässer finden sich alle Wasserqualitäten nebeneinander: Der große Wasserkörper definiert zwar die Umweltsituation, doch tausend Nischen und die Gewässersohle zeigen ein anderes Bild. In der mesosaproben Zone mit Wassergüte II fallen organische Stoffe verhältnismäßig vereinzelt an, steigern sich gegen die Winterzeit und werden durch die ihnen entsprechenden Bakterien sofort in stabile mineralische Verbindungen zersetzt, die Nahrungsquellen für Algen abgeben. Es entsteht ein dynamischer Kreislauf, ein Gleichgewicht der Chemie mit den Lebensprozessen. Es ist »gesundes Wasser«, bestes Badenass und sogar für die Trinkwasserentnahme geeignet.

Steigt jedoch der Gehalt an mikrobiologischen Lebensgemeinschaften im Wasser und damit die organische Verschmutzung an oder werden die Lebensbedingungen zum Beispiel durch Wärmestau und Besonnung verändert, so reagiert die Natur entsprechend. Pflanzliches Plankton vermehrt sich, Sauerstoff jedoch löst sich aus dem Wasser. Sauerstoff liebende Bakterien, die abgestorbenes Plankton zersetzen sollten, werden eliminiert. Anaerobe Mikroben übernehmen ihre Stelle, viele Eiweißabbauprodukte wirken dabei als Gifte.

Wassergüte III
Die mesosaprobe Zone der Wassergüte III besitzt noch immer eine hohe Selbstreinigung durch Sauerstoff liebende Bakterien, doch pflanzliches Plankton ist, der Verschmutzung entsprechend, andersartig. Das Gewässer ist zum Baden nicht mehr geeignet und sein Zustand »kippt« aus vielleicht geringem Anlass in ein ernsthaft verschmutztes Gewässer, das in Bezug auf seine Ursache saniert werden muss.

Wassergüte IV
Die Wassergüte IV der polysaproben Zone ist Wasser mit ungeklärter Verschmutzung, sauerstoffarm und übel riechend. In der Tiefe und auf der Sohle der Gewässer setzt sich nun nicht mehr nur der mineralisierte Klärschlamm ab, sondern es findet die große Gewässerverschmutzung statt, verursacht durch herbstlichen Laubfall der Ufervegetation, den winterlichen Abbau der Wasserpflanzen und den Abgang der Wassertiere von Plankton bis zu Fischen und Amphibien. Dadurch fehlt auf dem Grund bald Sauerstoff, und im Schlammbereich entsteht großflächige Fäulnis mit Bildung von Methangas, das bei Störung in großen Blasen zur Wasseroberfläche steigt. Um diese Zone möglichst zu reduzieren, werden beim Bau eines Badeteiches Vorkehrungen getroffen, die später beschrieben werden.

Fädige Grünalgen mit Gehäuseflagellaten und Kieselalgen in Gesellschaft

41

Chara, Myriophyllum und Potamogeton

Pflanzen und Tiere

Wir machen uns keine Vorstellung, welchen Anteil jene Wasserpflanzen und Tiere ausmachen, die irgendwie auf dem Luftweg in unser frisch angelegtes Gewässer geraten. Bewohner feuchter Böden, ausdauernde und trockenheitsresistente Pflanzenteile und tierische Entwicklungsstadien, Sporen und Samen werden vom Wind verfrachtet oder durch Verschmutzung eingebracht. Mit Pflanzballen aus Kulturen oder Ausstichen werden aus anderen Gewässern Lebewesen eingeschleppt.

Um die Artenvielfalt dieser Spontanvegetation zu erhöhen, empfiehlt es sich, wo möglich aus fremden Gewässern Wasserproben einzubringen. Was dem örtlichen Biotop entspricht, wird sich halten, die Gesellschaften werden sich organisieren.

Pflanzen und Tiere gezielt einzusetzen heißt, die Zeit und damit die Entwicklungsfolgen zu straffen.

Man wird nicht vermeiden können, dass in diesem Pionierstadium die einen Pflanzen wuchern und andere eingehen, dass in der Entwicklung Pioniere verschwinden und sich Nachfolger unerwartet erholen. Dazu einige Anmerkungen in grober Auswahl.

Wasserpflanzen

Die Armleuchteralge *(Chara)* ist ein typischer Pionier und bildet als erste große Polster auf frischen Böden.

Das Tausendblatt *(Myriophyllum)* ist wie im Aquarium ein hervorragender Sauerstoffproduzent und Wasserreiniger. In eutrophen (nährstoffreichen) Gewässern wuchert es und muss gelichtet werden.

Das feinblättrige Laichkraut *(Potamogeton natans)* bildet neben den Teich- und Seerosen die Begrünung der Wasserfläche. Es ist einfach in Schach zu halten, indem die langen Stängel gekappt werden.

Die kleine Wasserlinse *(Lemna minor)* wird leicht mit Pflanzgut oder durch Enten eingeschleppt und vermehrt sich in eutrophen Gewässern rasend. Sie muss abgefischt werden, doch wird man ihrer niemals Herr.

*Teichrand mit Holz und Torf.
Die bemoosten Baumstämme ver-
binden wie eine Rampe die
Unterwasserlandschaft mit dem
Moorbeet*

Die Teichrose *(Nuphar lutea)* und die im eher seichten
Wasser heimische Seerose *(Nymphaea alba)* säumen das
Röhricht. Beide besitzen kräftige Wurzelstöcke, die von Zeit
zu Zeit zurückgeschnitten werden müssen. Beides sind
Arten für große Wasserflächen.

Die kleine Seekanne *(Nymphoides peltata)* eignet sich
wegen ihrer geringen Blattgröße für kleine Anlagen; doch
wehe, wenn sie losgelassen. Bald bedeckt sie alles. Es ist
zwar leicht, die dünnen Triebe aus dem Schlamm zu ziehen, doch das kleinste Internodium treibt Wurzeln und bildet eine neue Pflanze.

43

Das Filigranwerk abgestorbener Fruchtstände von Froschlöffel mit den kleinen Schneeskulpturen zeigt die Schönheit jeder Jahreszeit

Das Röhricht baut sich aus drei Dominanten auf, die dem Bestand den Namen gegeben haben:

Das Schilf *(Phragmites communis)* ist kennzeichnend für ursprüngliche Ufer, Bachläufe und Feuchtstellen. Die kräftigen unterirdischen Ausläufer erobern bald das ganze Gewässer und verdrängen sogar die Gesellschafter. Gerade in jungen Anlagen sieht man diese konkurrierenden Monokulturen.

Der Rohrkolben *(Typha latifolia)* ist ein dynamischer Gesellschafter mit gewaltigem Expansionsdrang. Wo erhältlich, ist der kleinwüchsige, schmalblättrige Rohrkolben *(T. angustifolia)* beizugeben. Auch der zierliche Igelkolben *(Sparganium erectum* und *S. emersum)* ist mit den Seggen *(Carex)* Ursache rascher Verlandung.

Die Seebinse *(Schoenoplectus lacustris)* ist sicherlich für ein Kleingewässer in Bezug auf Charakteristik und Maßstab die beste Röhrichtart. Die Gesellschaftskonkurrenz mit den anderen Gewächsen der Seichtzone ist bald ausgeglichen. Spontan wird sie ergänzt durch verschiedene Simsen *(Scirpus)* und Binsen *(Juncus)*. In dieser Zone halten sich die weniger dynamischen Arten, die oft gerade am Anfang Mühe haben.

Der Bitterklee *(Menyanthes trifoliata)* besticht durch die auffallende Blattform und die zierlichen Blüten. Weitere Wasserpflanzen sind: Froschlöffel *(Alisma plantago-aquatica)*, Pfeilkraut *(Sagittaria sagittifolia)*, Blutauge *(Potentilla palustris)* und Tannenwedel *(Hippuris vulgaris)*, das unter Wasser krautartige Blätter treibt und zum Wuchern neigt.

Pflanzen am Teichrand

Am Teichrand steht als großer Horst die gelbe Sumpfiris *(Iris pseudacorus)* im Übergang zur Ufervegetation. Dagegen bleibt die zierliche blaue Sibirische Iris *(Iris sibirica)* vereinzelt und wird leicht verdrängt.

Der Blutweiderich *(Lythrum salicaria)* versamt sich bald. Mädesüß *(Filipendula ulmaria)* darf nicht durch Gartenzüchtungen ersetzt werden.

Als auffallende Blütenpflanze gehört auch die Sumpfdotterblume *(Caltha palustris)* in diese Gesellschaft; hier sind Zuchtformen ebenfalls zu vermeiden.

Diese Liste umfasst nur eine Grundbepflanzung, die sich rasch durch Spontanvegetation ergänzt und bald als harmonische Gesellschaft mit gemeinsamer Kraft die Verlandung des Gewässers betreibt.

Tiere

Was sich durch gezielte Pflanzung in der Entwicklung zeitlich strafft, lässt sich nicht auf die Tierwelt übertragen. Das mögliche Ansiedlungsprogramm kann sich nur auf ortstreue Arten beziehen, denen das Biotop zusagt und deren Existenz auch durch das beschränkte Umfeld gesichert ist. Die im Folgenden erwähnten Tiere sind im weiten Siedlungsraum meist schon verbreitet und finden in einer Neuanlage einen zusätzlichen Stützpunkt ihrer Population. Vornehmlich belebt ein Mikrokosmos von Kleintieren das Wasser. Davon seien nur einige auffallende Tiere benannt und allenfalls mit Bemerkungen versehen.

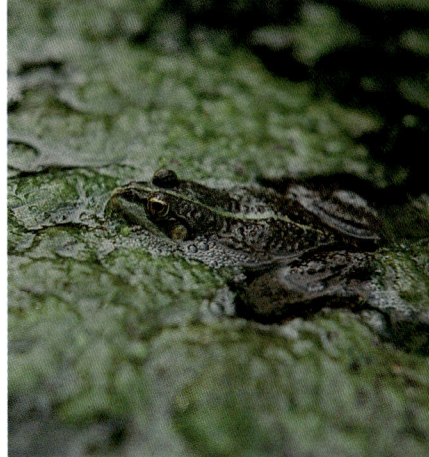

Die Rückenschwimmer *(Notonecta glauca)* mit unter Wasser perlmutter artig schimmernden Flügeldecken sind arge Räuber. Ebenso die Libellen mit ihren gefräßigen Larven. Als erstes erscheint der auffallend blaue Plattbauch *(Orthetrum cancellatum)*, dann die Königslibellen *(Aeshna-Arten)* neben vielen anderen Kleinlibellen. Der dunkle Bergmolch *(Triturus alpestris)* und der Teichmolch *(T. vulgaris)* sind zur Sommerzeit im Wasser und wohl die größten Laichräuber. Im Herbst gehen sie an Land und überwintern im Boden.

Der braune gefleckte Grasfrosch *(Rana temporaria)* kündet mit seinem nächtlichen Murren im Teich den Frühjahrsbeginn. Wenige Tage nur verbringt er im warmen Röhricht, um seine großen Laichballen abzusetzen. Fast gleichzeitig mit ihm wandert von weit her die Erdkröte *(Bufo bufo)* zur Laichablage ein. Nur in frischen Zerstörungsbiotopen mit wenig Pflanzenwuchs finden sich die Kreuzkröte *(Bufo calamita)* und die Gelbbauchunke *(Bombina variegata)*.

Ein Beispiel: der grüne Wasserfrosch auf einem sonnenwarmen Polster von Fadenalgen und auf dem Bild darunter sein Laich

Die grünen Wasserfrösche *(Rana esculenta, R. lessonae, R. ridibunda)* sind dauernde Wasserbewohner. Durch ihr lautes sommerliches Quärren verlangen sie Toleranz und Einverständnis der Anwohner. Der selten gewordene kleine Laubfrosch *(Hyla arborea)* stellt nicht nur für seine Existenz

45

*Röhricht im Frühjahr mit
Laichballen des Grasfroschs und
sich paarenden Erdkröten*

46

hohe Ansprüche an sein Habitat und das weitere Umfeld;
auch er kann durch sein nächtliches Keckern zum Problem
werden. Katzen sind seine großen Feinde. Diese sind es
auch, die das Aufkommen von Reptilien wie der Zaun-
eidechse *(Lacerta agilis)* verhindern.

Anlage und Bau
des Schwimmteichs

Immer mehr Benutzer von Schwimmbecken reagieren auf
die chemische Behandlung des Wassers. Teure Anlagen
und großer betrieblicher Aufwand sind der Preis für ein
Statussymbol, dessen einzige Lustquelle im perlenden kris-
tallklaren Wasser liegt, verfügbar früh schon im Jahr bis spät
im Herbst. Hier liegt der einzige Vorteil, der zugunsten
geheizter Anlagen ins Feld geführt werden kann. Wie
Früchte und Gemüse ihre eigene Saison haben, so richtet
sich auch das Baden im Schwimmteich nach der Jahreszeit.
Wobei für die weitere Entwicklung vielleicht möglich ist,
durch Solarenergie die Wassertemperaturen etwas anzuhe-
ben, ohne das ökologische Gleichgewicht der Wasserpflanzen und Tiere zu gefährden.

Die Kombination von Schwimmbecken und Teich ist in
vielerlei Varianten möglich. Immer hat der Teich dabei die
Aufgabe der Wasserreinigung.

Künstliche Wasseraufbereitung entfällt. Bei starkem
Badebetrieb kann eine erhöhte Verschmutzung und Algen-
bildung auftreten.

Die Lösung dieses Problems besteht darin, das Wasser
durch eine kleine Pumpe in einen abgetrennten bepflanzten
Weiher zu leiten und das steigende Wasser durch eine
Filterzone mit Öffnung am Beckenboden zurücklaufen zu
lassen.

Die natürliche Gewässerreinigung wird also ergänzt durch
einen Filter, in dem die organischen Schwebstoffe zurückbe-
halten und abgebaut werden.

Das Becken selbst kann außerdem konventionell mecha-
nisch von Schlamm, Laub und Algen befreit werden.

Für dieses System finden sich auf den folgenden Seiten
zahlreiche gestalterisch unterschiedliche Spielformen, sei es
in der Lage der Gewässer oder aber in deren Form und
Höhenverhältnis.

47

Das alte Schwimmbad und sein Teich

Immer wieder kommt es vor, dass ein altes Schwimmbecken außer Betrieb gesetzt wird. Die Gründe sind vielfältig: Die Besitzer leiden unter dem chemisch aufbereiteten
Wasser; das Becken und seine Verkleidung werden renovie-
rungsbedürftig; die Verunstaltung des Gartens durch das
»verschmutzte Loch« oder die Rollabdeckung wird den
Bewohnern bewusst; die ertrunkenen Igel und Mäuse und
die dauernde Gefahr für Kinder vergällen die Freude. Ein
Schwimmteich kann Abhilfe schaffen.

Die Ansprüche an einen Teich richten sich wohl in erster
Linie auf gute Wasserqualität ohne künstliche Aufbereitung.
Doch mit einem derartigen Unterfangen ist unabdingbar ein
ganz anderer Badebetrieb, eine andere Badestimmung,
eine neue Integration des Beckens in die Gartenlandschaft
verbunden. Wasseraustausch und Filtrierung sind marginale,
einfache technische Vorkehrungen.

Die Auskleidung des Beckens ist ein zentrales Problem.
Helle, farbige Keramikkacheln oder leuchtende Kunststoff-
anstriche sind für Neuanlagen ungeeignet. Auch sie veralgen, doch im Gegensatz zu steinigen Oberflächen wie Beton
oder Verputz veralgen sie unansehnlich und bei geringster
Berührung entstehen helle Wischstellen. Den »ungepflegten
Anblick« kann man selbst dem begeisterten Naturfreund
nicht zumuten.

Zur Sanierung alter Becken entfernt man diese Beläge
und gleicht den rauhen Untergrund mit einem feinen
Schlämmputz aus. Bei dieser Vorkehrung können mit geringem Aufwand Risse und undichte Stellen verschlossen werden. Auf solcher Unterlage setzen sich braune flechtenartige
Algen als geschlossene, glasige Haut fest. Die langfädigen
Grünalgen lassen sich mit geringem Aufwand abstreifen
oder absaugen.

Die nicht minder wichtige Aufgabe ist dann die landschaftliche Integration des alten Schwimmbeckens mit
einem Teich in der Gartenlandschaft. Die Voraussetzungen
sind so vielfältig wie die Lösungen und münden in drei
grundsätzlichen Möglichkeiten.

48

1. Mit geringstem Aufwand wird das bestehende Becken belassen und an geeigneter Stelle im Garten ein Teich ausgehoben.
   Aus dem Schwimmbecken wird mit einem verborgenen Schlauch an einem Ende durch eine Springbrunnen-pumpe im Teich Wasser angesaugt. Sichtbar als Fontäne oder als Unterwassersprudel füllt das Wasser den Teich, fließt in einen Schacht über und wird durch eine unterirdische Leitung wieder ins Becken zurückgedrängt. Vor dem Überlauf ist ein Sandfilter angelegt, so dass Plankton ausgesiebt und das grünbraune Beckenwasser gelichtet wird (Plan siehe Seite 51).
2. Der Teich kann unmittelbar an das bestehende Becken gelegt werden. Die Teichdichtung wird in diesem Fall an der Außenwand des Beckens über Bodenhöhe hochgezogen und verankert. Überbeton und Kiesabdeckung verdecken den Kunststoff. Der große Vorteil dieser Anordnung liegt darin, dass sogar drei Seiten des Beckens vom Teich umschlossen werden können und die anliegende Bepflanzung die Geometrie des alten Kunstbaus bricht (Plan Seite 52).
3. Die dritte Spielform geht sogar so weit, eine oder sogar zwei Seiten des Beckens bis unter die Wasserlinie abzubrechen und damit den Schwimmbereich über eine versenkte Kante in ein natürliches Ufer auszuweiten. Der Beckenboden bleibt damit noch immer frei von Belag und Bepflanzung und kann gereinigt werden (Beispiel Seite 108).

Der zweiteilige Schwimmteich

Bei bestehenden Anlagen ist im Garten so viel vorgegeben und ohne großen Aufwand unveränderbar, dass die optimale Lage des Weihers zum eigentlichen Schlüssel der gestalterischen Integration der Gewässer wird.

So gilt es vor allem, das bestehende Becken durch Lage und Form des Teiches einerseits mit dem Haus und andererseits mit dem umgebenden Garten zu verbinden und als

49

gestalterisches Element aufzuwerten. Unter unzähligen Kombinationen deuten wenige Beispiele auf dieser Seite an, in welchem Sinn Becken und Teich sich auch als getrennte Anlagen zu einem neuen Ganzen zusammenfügen können. Topographie und Bepflanzung unterstützen und steigern das landschaftliche Einbinden, wobei der Rohboden des Aushubs am Ort zur Geländemodellierung wieder Verwendung findet.

Bei Neuanlagen sind Schwimmbecken und Teich eine Einheit und lassen sich beliebig als Landschaftsteil behandeln. Die bisherige Praxis hat aber gezeigt, dass der Wunsch nach einer möglichst natürlichen Gewässerform es mit sich bringt, die eine Längs- und Stirnseite des Beckens so tief wie möglich unter die Wasserlinie zu setzen. Es gilt, den Beckenboden für die Reinigung freizuhalten und die Seitenmauern nur so weit aufzuziehen, dass seitlich der Boden für den Pflanzbereich geschüttet werden kann.

Die eine Seitenwand bleibt als Trennung und wird an beiden Enden bis zu den Ufern verlängert. Aus praktischen und gestalterischen Gründen hat sich nun die Not zur Tugend gewandelt: Ein feiner Steg knapp über dem Wasser überquert die Gewässer. Er wird zu einem wesentlichen Merkmal und Stimmungsbildner, trennt die Gewässer und verbindet die Ufer, gibt wie eine Ordinate Orientierung und ist ein Ort, wo sich die Kinder zum Spiel und Beobachten tummeln. Zur Wartung und Gewässerreinigung schafft er außerdem den nötigen Zugang.

Die beiden Pläne auf den Seiten 53 und 54 zeigen die großzügige Idealform einer derartigen Anlage. Der Beckenboden im Schwimmbereich erlaubt dessen Säuberung, so dass bei geringer Badetiefe kein Schlamm aufgewirbelt wird. Erkennbar sind die Flach- und Steilufer mit ihren verschiedenen Gestaltungsformen. Für jedes Gebiet sollten die ihm eigenen Materialien verwendet werden. Stein ist vielleicht nicht überall vorhanden und es müsste darauf verzichtet werden, während Holz in verschiedener Form jedem Gewässer zugute kommt. Fallholz als Baumstamm oder grobes Astwerk im und am Wasser bietet von Anfang an ein Netzwerk von Nischen, schützt die Neupflanzung von Röhricht und ist Stützpunkt für jede Erstbesiedlung.

Dabei soll die menschliche Nutzung nicht vergessen werden, sie widerspricht in keiner Weise naturschützerischem Willen. Das Sonnendeck, den Sitzplatz, begehbare Uferpartien und einen »romantischen« Holzsteg für Beobachtung und den Sprung ins Wasser – all dies verträgt ein derartiges »Störungsbiotop«. Gerade durch abwechselnde und attraktive Zugänglichkeit wird die Störungsmöglichkeit kanalisiert und umgekehrt nur schwer zugängliche Ruhebereiche gesichert. Dort werden Pflanzen nicht zertreten und vielerlei Tiere finden ihr ungestörtes Habitat.

Links:
Beispiele, wie Becken, Teich,
Sitzplatz und Haus zusammen-
zubinden sind

Schwimmbecken mit
getrenntem Teich

51

SITZPLATZ

SEICHTZONE

RÖHRICHT

PUMPE MIT
SPRUDEL

WIND- SICHTSCHUTZ
AUSHUB ROHBODEN

SWIMMING - POOL

FILTERZONE
AUSLAUF-SCHACHT

SONNENDECK ÜBER KASTEN
BECKENABDECKUNG

ÜBERLAUF

*Schwimmbecken mit seitlich
angefügtem Teich*

*Rechts:
Unterwasserbecken mit
Trennwand zum Teich*

SONNENDECK ODER SITZPLATZ

ZUGANGSSTUFEN

KIESUFER

±0.00

ÜBERLAUF

–1.20

PUMPE MIT UNTER-
WASSER-STRUDEL,

FILTER →

WIESE

SEICHTZONE

STRÖMUNG,

BUCHT.

STEG,

ÜBERSCHWEMMUNGS-GEBIET,

UNTERWASSER-
MAUER

MOORBEET

FILTERZONE

BODENABLAUF

–1.70

BAUMSTRÜNKE

BODENEBENER
DURCHLASS

BAUMSTÄMME
ASTWERK

RÖHRICHT,

53

ORIENTIERUNG NACH SONNE UND WIND

HÜGEL ALS WIND- UND
BLICKSCHUTZ,
AUSHUBMATERIAL ROHBODEN,

SITZPLATZ

SONNENDECK,

SEICHTZONE
KIESIG

SEICHTZONE
SCHLICK

ÜBERLAUF,

BUCHT

RÖHRICHT

WIESE

RÖHRICHT

MOORBEET,

SICHT- /WINDSCHUTZ
AUFSCHÜTTUNG ROHBODEN

PLATZ ±0.00
STUFEN

-0.75

RÖHRICHT,

BUCHT, PFLANZNISCHE,

-0.30

HOLZ,

PLANSCHZONE
-0.20

SITUATIONSPLAN,

Schema einer kleinen Unterwasserverbauung als Planschbecken für Kleinkinder

*Links:
Vollständiges Unterwasser-becken im Teich*

STUFEN

SEITENMAUER

3.00

3.00

±0.00

-0.80

TREPPE
SEITEN-MAUER,

70

LÄNGSSCHNITT,

UFER
NORMAL-WASSERSTAND,

ÜBERBETON
SCHUTZVLIES
KUNSTSTOFF-DICHTUNG
SANDSCHICHT
SOHLE AUSHUB

QUERSCHNITT,

AUSHUBSPLAN,

55

Bitumendichtung und die Geometrie des zukünftigen Parkgewässers

Der »Winzling« als Planschbecken

D ie Gestaltungs- und Konstruktionsskizzen auf Seite 55 zeigen, dass selbst kleine Wasserstellen für Kinder als natürliche Kleinteiche gebaut werden können. Die im Verhältnis zur Grundfläche große Wassertiefe erlaubt Kleinkindern nicht nur, mit dem ganzen Körper einzutauchen, sondern ist für die Wassertemperatur und damit für das Wasserleben wichtig. Das Prinzip ist erkennbar: An drei Seiten sind Steilufer mit vorgemauerten Wänden und Stufen und eine vierte Seite ist als Flachufer ausgebildet. In der Zeichnung ist das Quadrat oder ein Rechteck eine technisch einfache Grundform, die den Umständen entsprechend beliebig abgewandelt werden kann. Die Gestaltung der Uferpartien bricht die geometrische Form und bindet ein zum Hinterland.

Der Beckenboden kann von Schlamm sauber gehalten werden, und wenn einmal die Flanken eingewachsen sind, würde niemand mehr ein Bauwerk vermuten. Die geringe Verschmutzung durch den Badebetrieb wird ohne weiteres durch die Selbstreinigung des bestehenden Wassers aufgehoben.

Der Bau

U m eine auf die Dauer in der Entwicklung und im Betrieb befriedigende, problemlose Anlage zu erstellen, lohnt es sich, alle technischen Einzelheiten mit Umsicht und Sorgfalt anzupacken. Vieles ist für den Fachmann Selbstverständlichkeit, für vieles muss aber aus besonderen Situationen vorurteilslos eine oft unerwartete konstruktive Lösung gefunden werden. Dies betrifft meistens Maßnahmen, die bei konventioneller Technik aufwendig sind und oft durch einen klugen Einfall wesentlich vereinfacht werden können.

Schon bei der Projektierung sind Überlegungen einzuflechten, wie die Baustelle erschlossen, der Aushub bewerkstelligt werden, wie die Arbeitsabläufe aufeinander folgen sollten. Darauf kann hier nicht eingegangen werden, denn allzu viele Voraussetzungen mit entsprechenden Varianten bieten sich in unerschöpflichen Kombinationen an.

Teichdichtung

Die meisten Böden sind wasserdurchlässig und für ein Gewässer ohne dauernden genügenden Zufluss untauglich. Fels kommt kaum je in einer Tiefe und Muldung vor, so dass er als Unterbau benutzt werden könnte.

Lehm hat den Nachteil, dass seine vom Wasser berührte Oberfläche aufgelöst wird und mit der Zeit schließlich als dicke Schlammschicht den Grund bedeckt. Wo Lehm als Teichdichtung benützt wird, ist er fußhoch mit Kies abzudecken, um dieser Auflösung entgegenzuwirken. Freilich wird er vom Röhricht durchwurzelt, so dass in den abgestorbenen Wurzelkanälen sehr bald Lecks entstehen. Als größter Nachteil kommt hinzu, dass Lehm als Substrat in einer Weise durchwurzelt wird, dass eine Verlandung durch den Pflanzenwuchs kaum mehr verhindert werden kann, da die Rhizome als geschlossener Horizont den Boden in vielen Tiefen durchziehen.

Je nach Größe der Anlage kommen für Gewässer drei Dichtungssysteme in Frage.

Lehmige Böden können mit Kalkzugabe stabilisiert werden – als eine Art Erdbeton. Schichtweise wird das gemischte Material aufgebracht und verdichtet. Das Verfahren ist aufwendig und, wenn nicht mit speziellen Maschinen und Erfahrung ausgeführt, nicht zu empfehlen.

Ebenfalls aus dem Straßenbau kommt die Bitumendichtung. Sie ist vorteilhaft für große Anlagen. Die Technik wurde für den Bau von Ausgleichsbecken entwickelt und verlangt vom Gestalter technisches Verständnis und Formgefühl, um die glatten Randzonen derart zu überdecken und zu verbauen, dass das Gewässer nicht mehr als Artefakt erkennbar ist und unsere Ansprüche als natürliches Biotop erfüllt.

Alle Bedingungen können mit der Kunststofffolie erfüllt werden. Für den Schwimmteich ist sie geradezu Voraussetzung, um in vielen technischen Einzelheiten eine vom Bauablauf her einfache und preiswerte Anlage zu ermöglichen.

Aushub

Der Aushubplan ist für jedes Werk die Grundlage. Die Art der Bodenprofile entscheidet über die Ausführung und den dazu nötigen Aufwand. Dies betrifft insbesondere die

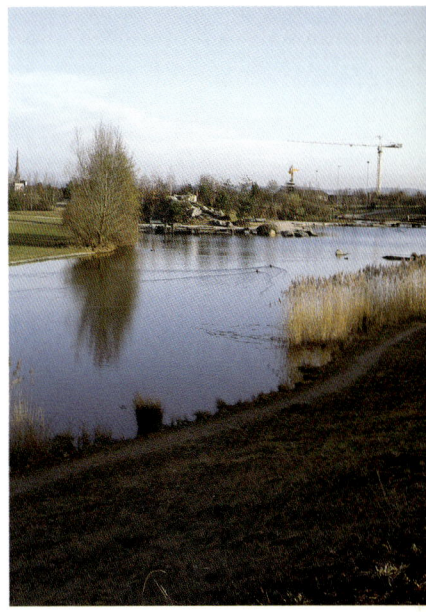

Derselbe Unterbau, wie die Situation Seite 56, ist mit Rohböden überschüttet, das Wasser gestaut, die Natur entfaltet sich

Pumpensumpf und
Teichsohlenentwässerung

58

Böschungswinkel, die bei festem Bodenmaterial und geeignetem Wetter bis zum vertikalen Abstich reichen. Der Schutz vor Wandbrüchen ist dabei zu bedenken.

Bei schwerem oder auch undurchlässigem Grund ist die Sohlenentwässerung ein erstrangiges Problem und betrifft auch die Zukunft. Während der ganzen Bauzeit muss die Baugrube entwässert werden, sei es durch direktes Ableiten des Grundwassers in eine geeignete Kanalisation (Vorfluter) oder durch periodisches Abpumpen. Für beide Fälle erstellt man schon mit dem Aushub einen »Pumpensumpf«.

Über der Grube mit der Geröllfüllung ist ein Zementring aufgesetzt, dessen Oberkante dem fertig mit Überzug versehenen Beckenboden entspricht.

Bei der Verlegung der Kunststoffdichtung gibt es nun zwei Möglichkeiten. Die erste ist, den Ring nochmals abzuheben und nach Verlegen der Folie an derselben Stelle wieder aufzusetzen. Während der Bauzeit oder bei einer späteren Beckenentleerung könnte bei Grundwasserdruck, der den ganzen Teichboden anheben und zerstören würde, durch einen kleinen Kreuzschnitt der Druckausgleich geschaffen und das Wasser abgepumpt werden. Die Schnittstelle lässt sich später leicht wieder verschweißen.

Die andere Möglichkeit besteht darin, die Kunststoff-Folie am Zementring oder an einem Bodenablauf hochzuziehen und sie daran abzudichten. Der wasserdichte Deckel ließe sich jederzeit wieder öffnen und man kann entweder den Teich entleeren oder Grundwasser abpumpen.

Kunststoffdichtung

Auf die abgeplattete und mit einer etwa 3 cm dicken Sandschicht bedeckte Baugrube wird die 2 mm-Kunststofffolie ausgerollt. Zuvor wurde die zukünftige Wasserlinie festgelegt.

Des Gewichtes wegen muss die Folie bei derartigen Formaten in Abschnitten ausgelegt werden und die genaue Grenzlage muss erkennbar sein. Damit lässt sie sich so verziehen, dass die geschwungenen Geländeformen angepasst werden können und nur noch kleine Bodenbrüche und Eckstücke durch Schnitt und Schweißung angeformt werden müssen. Anschlüsse an Schächte, Rohrdurchbrüche

59

oder an Mauern erfolgen als Abschlussarbeiten. Wichtig ist es, den ganzen Rand mit Eisen zu fixieren, da bei den folgenden Arbeiten erfahrungsgemäß die Folie durch ihr Eigengewicht oder durch das Betreten über den Sand in die Tiefe gezogen werden kann.

Nach dem Verlegen wird die ganze Kunststofffolie mit einem 250 g-Schutzvlies überdeckt. Es dient dem mechanischen Schutz bei den kommenden Arbeiten und verhindert das Gleiten des Betonüberwurfs.

Die flachen Beckenflächen werden nun durch Schaufelwurf mit einem Magerbeton PC 200 5 cm dick überworfen. Er wird durch leichtes Anpatschen verdichtet und an den Steilstellen so hoch hinaufgezogen, wie er sich über dem Rabitz (Mäusegitter) aufbauen lässt: Dieses Mäusegitter wird vorbereitend vorher schon da ausgelegt und an die Beckenkante hinauf verankert, wo Steilstellen abzudecken sind. Bei größeren Höhen wird der Auftrag in Abschnitten nach Abbinden der jeweiligen Arbeitsstufe weitergeführt. In Zonen, wo in der Tiefe eine Kiesschüttung vorgesehen ist, setzt man den Folienschutz erst über diesem Bodenhorizont an.

In einem Arbeitsgang mit dem frischen Betonüberzug wird die Fläche mit unsortiertem Kies ab Wand leicht überworfen. Der Wurf bezweckt, dass sich beim Aufprall Sand und Steinchen mit der Zementschlämme verbinden und haften bleiben. Vom ersten Moment an wird ein derartig eingedecktes Becken nicht mehr als Menschenwerk erkennbar sein. Selbstverständlich darf die Fläche bis zum Erhärten dieser Schutzschicht nicht betreten werden.

Doch schon am folgenden Tag können mit Sorgfalt Bretter gelegt und die anschließenden Arbeiten aufgenommen werden.

Meist besteht eine große Abneigung und ein heftiges Vorurteil gegenüber Beton. Doch Zement ist ein natürliches chemisches Gemisch, und nach dem Abbinden unterscheidet sich Beton weder im Verhalten noch im Aussehen von natürlichem Gesteinssediment, zum Beispiel von Nagelfluh. Mit dem Überbeton sind jedoch wesentliche Vorteile verbunden:

Erstens ist er zusammen mit dem Schutzvlies ein hervorragender Schutz der Teichdichtung. Die folgenden Arbeiten

60

STEILUFER,   SCHWIMMBECKEN,   STEG,

NORMALWASSERSTAND

SCHUTZ-
MÖRTEL
GITTER
SCHUTZ-VLIES

KUNSTSTOFF-
DICHTUNG
SAND
NATURBODEN

GEFÄLLE
BODENPLATTE / NETZARMIERUNG
ÜBERBETON

UFER,   SCHWIMMBECKEN,   TEICH,

HINTERFÜLLUNG
KIES

DICHT,-FOLIE
SCHUTZVLIES

BAUGRUBE

"SACK" MIT BETONKIES
DAMIT FOLIE NICHT GEKNICKT WIRD,

Oben:
Typischer Schnitt durch Becken
mit Steg

Unten:
Unterwasserbecken mit einseitig
architektonischem Ufer

können gefahrlos ausgeführt werden. Diese Arbeiten bestehen zum einen in allen Verbauungen im Uferbereich, welche für die Bepflanzung, die Befestigung von Stein und Holz und für den Bau von Nischen nötig sind.

Zweitens entsteht beim Schwimmteich nun in dieser Landschaft der Beckenbau, der zwar noch immer mit beson-

61

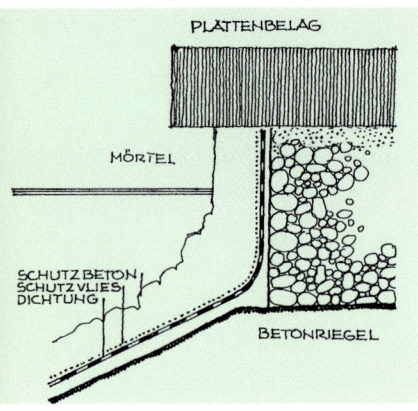

Ausbildung des Teichrandes am Sitzplatz

derer Vorsicht, jedoch sonst problemlos angegangen werden kann. Es braucht nicht betont zu werden, dass für die kommenden Arbeiten keine Eisen- oder andere Verankerungen in den Boden geschlagen werden dürfen, denn perforierte Kunststofffolien lassen sich nicht mit Zement verstopfen, wie einmal ein naiver Bauunternehmer meinte.

Als dritter, ganz wesentlicher Vorteil ist anzuführen, dass die Pflanzenwurzeln auf dem rauen zerklüfteten Beton Halt finden. Gleichzeitig ist es ein Leichtes, einen ganzen Wurzelhorizont abzuheben und die Verlandung mit geringem Aufwand unter Kontrolle zu halten.

Jeglicher Beton sollte nach Möglichkeit einen Monat an der Luft abbinden können. Wo keine Sohlenentwässerung unter der Kunststoffdichtung besteht und kein Beckenbau vorgesehen wird, darf die Anlage ohne weiteres am Tag nach der Betonierung unter Wasser gesetzt werden. Beton bindet unter Wasser ab, doch gleichzeitig findet eine Verbindung von Kalk mit in Wasser gelöster Kohlensäure statt, wodurch ein weißer Kalkstaub ausflockt (Kalzifikation). Das Wasser wird laugenartig und leuchtend blau über weißem Grund. Je nach Jahreszeit beginnt es sich nach drei bis vier Wochen grünlich zu verfärben, die chemischen Prozesse sind nahezu abgeschlossen und die Belebung mit Algen und Kleintieren setzt ein. Erst dann darf mit dem Bepflanzen begonnen werden.

Uferverbauungen
Mit dem Betonüberzug wird auch die Ufergestaltung vorbereitet. Dabei ist die Sicherung der Kunststoffkante besonders wichtig, da sie den höchsten Wasserstand garantiert. Einmal überbaut, können nachträgliche Setzungen schwer erkannt und unter Umständen nur aufwendig korrigiert werden. Wenngleich der Normalwasserstand durch die Höhe des Überlaufs definiert wird, lassen Niederschläge das Wasser bei größeren Anlagen als Retention wesentlich darüber steigen und es muss vermieden werden, dass Wasser aus dem Teich unter die Folie fließt und den Unterbau ausschwemmt.

Der Grenzbereich zwischen Seichtwasserzone und Ufergürtel ist, wie schon beschrieben wurde, für die Vielfalt der Biotope von größter Bedeutung. Hier wechseln steinige offene Bereiche, Steinverbauungen und Fallholz mit bewachsenen Rohböden. Steinbrocken können mit Mörtel befestigt, Baumstämme mit Stein und Zement verankert und erdige Rohböden mit Holz und Stein gefasst werden. Liegende, hohle Steinplatten sind überall, auch unter Wasser, bedeutende Ansätze für Nischen.

Oben: Verbauung im flachen Uferbereich mit Holz und Gestein

Unten: Dammkrone, verfestigt und verbaut mit Rundholz und Sickerbeton

63

WANDANSCHLUSS,

SCHUTZMÖRTEL
KITTFUGE
DECKSTREIFEN

GITTER
SCHUTZVLIES

SCHUTZBETON

WASSER

ARBEITS-
FUGE

BETON-
KAMMERSTEIN

ARMIERUNG

Der Uferbau erfolgt normalerweise nach Abschluss der Bauarbeiten des Beckens. Er bestimmt die verschiedenartigen Lebensbereiche zwischen Wasser und Land. Seichtwasserzonen, Bereiche wechselnder Wasserüberflutung, Kies-ufer und Vegetationsgürtel charakterisieren das ganze Gewässer. Technisch sind die entsprechenden Vorkehrungen schon vom Bodenprofil des Aushubs an bis zur Überschüttung und den Verbauungen vorzusehen. Der Einbau der Kunststofffolie, ihre Befestigung und die Sicherung der Ränder muss sorgfältig vorbereitet und ausgeführt werden. Besonders bei dammartigen Aufschüttungen bietet die langfristige Festigung Probleme infolge möglicher Bodensetzungen. Von Fall zu Fall sind die Konstruktionen den Gegebenheiten anzupassen.

Das Schwimmbecken

Wenn die Randausbildung abgeschlossen ist, ist der Teichboden auch bereit für den Bau des Schwimmbeckens.

Seine Lage wird nun eingemessen, markiert (nochmals: keine Pfähle einschlagen!) und mit Kanthölzern umfasst.

Auf die Beckenfläche werden Armierungsnetze ausgelegt und 10 cm hochwertiger Beton PC 300 sauber ins Gefälle abgezogen. Mit Sorgfalt steckt man in den gussplastischen Beton entlang dem Rand die Anschlusseisen für das hochgehende Mauerwerk (siehe Schnittzeichnungen Seite 61).

Das Mauerwerk besteht aus leicht armierten Betonkammersteinen, mit denen jeder Gartenbauer umgehen kann. Trotzdem hat sich erwiesen, dass Fachleute aus dem Baugewerbe für derartige Maurerarbeiten besser ausgerüstet sind und mit professioneller Routine meist zeitlich und qualitativ einem Gärtner überlegen sind.

Beim Bau der Mauerkrone ist daran zu denken, dass im Winter das Wasser belassen wird und Frost und Eisdruck berücksichtigt werden müssen.

Das bedeutet, dass die Betonkammersteine unter der Vereisungsgrenze liegen müssen, damit der poröse Beton nicht abgesprengt wird. Nass in Nass wird deshalb der Mauerkopf wie folgt ausgebildet:

Die Ausbildung des Mauerkopfes bestimmt die Höhe der Steinlagen bis auf den Beckenboden und muss beim Bauprojekt höhenmäßig schon beim Aushub berücksichtigt werden. Im Unterwasserbereich genügt das saubere Abglätten bei der letzten Betonfüllung.

Auf den Boden kommt nun ein feiner wasserfester, 2 cm dicker Mörtel und die Wände werden mit 5 mm hochwertigem Mörtel auf der Beckenseite abgeglättet. Dieser hochwertige »wasserfeste« Mörtel erschwert die Kalkauswaschung des Mauerbetons, und die feine Bearbeitung des Bodens und der Wände erleichtert die Reinigung des Schwimmbereiches. Bald schon werden Algen den Mörtel patinieren und nur die geometrische Form erinnert an das Unterwasser-Menschenwerk.

Bei einer Trennung von Schwimmbereich und Naturteich tritt die Trennwand natürlich als harte Geometrie in Erscheinung. Der besondere Reiz liegt nun darin, diese Zäsur zu gestalten und daraus einen begehbaren Steg zu machen. Hier sind der Fantasie keine Grenzen gesetzt; Form und Material folgen Geschmack und finanziellen Möglichkeiten.

Vier Prinzipien sind auf den Zeichnungen S. 67 dargestellt.

Landschaftsgestalterisch ist ein derartiger Steg ein dominierendes Element und muss im Gesamtkonzept entsprechend harmonisch integriert oder akzentuierend zur Geltung gebracht werden.

Der Überlauf

Beim Auslegen der Kunststofffolie werden mit der endgültigen Bestimmung der Normalwasserhöhe das Ausmaß und die Abflusshöhe als Bezugsgrößen für alle weiteren Messungen festgesetzt. Wie bereits betont, ist das Anstauen des Wassers bei Gewitter in Betracht zu ziehen und die nötige Überhöhung der Randpartien auch bei möglichen Senkungen des Terrains vorzunehmen. Der Überlauf liegt auf der Seite des Schwimmbeckens.

Der offene Überlauf über eine technische Schwelle zur Höhenregulierung in ein nahes natürliches Gewässer bietet einen weiteren wichtigen Gestaltungsraum. Dauernd oder temporär fließende Gewässer über wechselnden Substraten mit Trockenzonen, Nischen und stehenden Plätzen schaffen ein breites Feld für Spezialbiotope.

Oben:
Dichtung am Wandanschluss
mit Schutzmörtel

Unten:
Mauerkrone mit Betonkopf
wegen Eisbildung und
Ausfrieren

65

Die Betonkammersteine sitzen auf der leicht armierten Bodenplatte

Wenn der Bau des Beckens beendet und Wände und Boden verputzt sind, werden die Hinterfüllungen eingebracht.

Die Filterzone muss groß sein, da an der Oberfläche bald eine Schlammschicht aufliegt. Es empfiehlt sich, am Fuß der Außenwand ein mindestens 3 m langes Filterrohr zum Beckendurchbruch zu legen. Darauf folgt die Geröllpackung mit der Überschüttung mit Rundkies von schichtweise abnehmender Körnung (siehe Seite 68).

Auf den äußeren Beckenseiten wird für den Wurzelraum des Röhrichts eine Kiesschüttung eingebracht (Zeichnungen Seite 61). Damit ist der eigentliche Baubetrieb beendet, und die letzten gestalterischen Uferverbauungen werden abgeschlossen (Zeichnungen Seite 63). Dies betrifft insbesondere den Einbau großer Baumstämme als Verbindung vom Wasser zum Land. Sie leiten über in ein angrenzendes Moorbeet und werden in Kürze als bemooste Skulpturen vergessen lassen, dass Menschenhand sie an diesen Ort gestürzt hat. Für unzählige Pflanzen und Tiere sind sie Standort und Nische.

Damit rückt der Augenblick heran, an dem das Becken gefüllt werden kann. Wenn möglich sollte der Beton einen Monat an der Luft abbinden. Regenfälle haben in der Zwischenzeit gewiss schon die Sohle bedeckt.

Ob man nun mit Dachwasser oder Leitungswasser füllt, ist unerheblich. Dachwasser ist kalkarm, falls es von einem Ziegeldach kommt, kann aber andere Belastungen enthalten. Leitungswasser wiederum kann ganz unterschiedlich nährstoffreich sein.

Langfristig spielt dies eine untergeordnete Rolle, da der zukünftige Wasserhaushalt von wichtigeren Faktoren bestimmt wird. Es kommt hinzu, dass die Differenz zwischen Niederschlägen und Verdunstung für einen steten Wasserwechsel sorgt.

Verschiedenartige Ausbildung der Trennwand zum Teich als Steg

Ausbildung des Teichrandes

Das Wasser ist nun bis zum Überlauf aufgefüllt. Täglich wird der Beckenboden weißer, und das kristallklare Blau der Tiefe verrät, dass momentan noch kein Leben in der seifigen Lauge vorhanden ist.

Die chemischen Abbindungsprozesse haben eingesetzt, und Kalk verbindet sich mit der im Wasser gelösten Kohlensäure zu einer stabilen Kalkverbindung, die als feines weißes Mehl ausflockt und den Boden mit Kalkschlamm bedeckt. Je nach Jahreszeit und Wasserqualität beginnt das Wasser sich nach einem Monat grünlich zu verfärben – die Lauge hat sich neutralisiert und die ersten Algen beginnen nun ihre Entwicklung. Dann kommt die Zeit, zu der die vorgesehenen Wasserpflanzen und die Ufervegetation eingebracht werden dürfen.

Betrieb und Pflege

Nach dem ersten Wasserfüllen wird es, wie bereits gesagt, einige Zeit dauern, bis die Kalzifikation abgeschlossen ist. Der feine Kalkschlamm darf im Becken abgesaugt werden, um von Anfang an im Schwimmbereich keine Schlammbildung aufkommen zu lassen. Pflanzen und Tiere haben ihre Lebensbereiche und Nischen in den Teichzonen und sollen deshalb nicht ins Becken gelockt werden. Nach dem Laubfall im Herbst werden vor allem Blätter und Zweige entfernt und damit die Tiere in die Binnenbereiche gewiesen.

Die eigentliche wiederkehrende Teichpflege ist Winterarbeit. Sobald sich eine begehbare Eisdecke gebildet hat, wird das Röhricht leicht über der Oberfläche gemäht. Wenn immer möglich, soll jedoch das dürre Schilf zu einem Drittel stehen gelassen werden. Dürres Schilf ist in sich ein wichtiges Kleinbiotop und die Seichtstellen mit den abgestorbenen Halmen bilden kleinklimatisch die Frühlings-Laichnischen. Hier decken sich auf diese Weise biologisch begründete Maßnahmen mit den ästhetischen Wünschen nach dekorativer Wirkung des winterlichen Röhrichts.

Nach einigen Jahren werden insbesondere die Seichtzonen verlanden. Ein Zerstörungsbiotop muss wieder hergestellt werden. Der September ist eine gute Zeit, um ins warme Wasser zu steigen und von Hand und mit dem Messer fleckenweise die Wurzelkissen vom Untergrund zu zerren und abzuschneiden. Die Zeit der Jungtiere ist im Spätsommer vorbei, und bei vorsichtiger Arbeit wird kaum ein Lebewesen betroffen. Die neuen Vegetationslücken sind Störungs- und Zerstörungsbiotope, die manchem pflanzlichen und tierischen Lebewesen die Existenz ermöglichen. Dies betrifft sowohl kiesige als auch lehmige Uferbereiche.

Es wird insbesondere wichtig sein, die Populationsdynamik des Röhrichts und der Uferbepflanzung zu beobachten. Je nach Voraussetzungen werden sich einzelne Arten auf Kosten der augenblicklich schwächeren fast explosionsartig vermehren. Hier zerstörend einzugreifen, ist legitim und zwingend, denn meist ist es nur ein Pionierdruck weni-

Überlaufschächte mit Überlauf. Oben über gelochtem Deckel, unten bei tiefliegender Kunststoff-abdichtung

69

Rechts:
Ein konventionelles Betonbecken
ohne Wasseraufbereitung,
in die Landschaft eingebettet

ger Arten wie Rohrkolben, gelbe Schwertlilie oder Igelkolben, die in einer stabilisierten Gesellschaft ihre Dominanz verlieren. Der Entwicklungsdruck zur Monokultur weniger Arten besteht in allen Pionierphasen und darf gerade aus der Einsicht, dass ursprüngliche Natur zu einem bedeutenden Teil aus wechselnden Störungs- und Zerstörungsbiotopen bestand, durch Menschenhand korrigiert werden.

So besteht die Pflege einer derartigen Anlage nicht in gärtnerischer Intensivkosmetik, sondern aus Beobachtungen, Vergleichen und schließlich jenen wenigen zerstörenden Eingriffen, die für die Erhaltung und Förderung einer großen Artenvielfalt nötig sind. Damit verbunden und Voraussetzung dafür ist eine verfeinerte ästhetische Wahrnehmung und bewusstes sinnliches Erleben unserer Umwelt.

Beispiele

Wohnen am Teich

Die folgenden Beispiele sollen auf das Thema einstimmen und vermitteln, wie sich ein natürliches Gewässer mit Architektur verbindet und jene Selbstverständlichkeit erzeugt, mit der Mensch und Natur sich in Harmonie vereinen.

Es sind kleine Gewässeranlagen, in denen sich Kinder tummeln und sich mit Wasser vertraut machen können.

EINFAMILIENHAUS GOCKHAUSEN BAUSTRUKTUR UND UMGEBUNG MST 1/50 /
1969-1982 /
EDUARD NEUENSCHWANDER ARCHITEKT /

*Der Ursprung dieser Ideen:
Wohnhaus des Verfassers mit
Schwimmbecken ohne Wasser-
aufbereitung und Hausfront
im Teich (1967)
Fotos siehe Seite 73 und 74*

72

Im Wohnhaus Gockhausen sind drei Elemente verwirklicht: Zum Ersten überschneiden sich die Wasserebene und das Relief der tischgroßen, roten Schieferplatten in der gestuften Aufenthaltszone. Die Tafeln setzen sich unter Wasser fort und schaffen eine saubere, seichte Teichsohle.

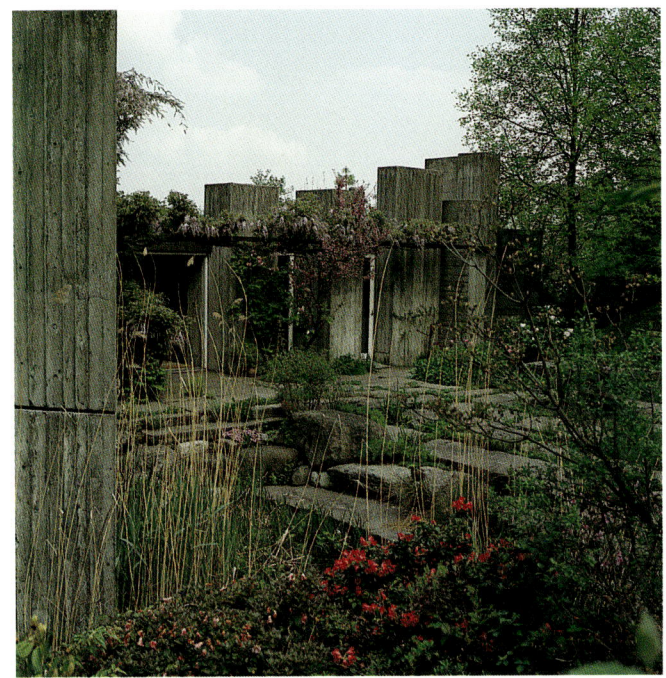

*Der Sitzplatz am Wasser.
Als Skulptur verzahnt sich das
Gebäude mit der Umgebung*

*Auch der Beton des Schwimm-
beckens wird Naturstein*

Die abgedeckte Jauchegrube wird Planschbecken

Rechts:
Das Bauernhaus mit der
Jauchegrube

Zum Zweiten verklammern sich Gewässer und Bau und es entstehen geschützte Nischen, wo sich Tierwelt und Vegetation ungestört entwickeln. Auch das Gegenufer mit den Holzverbauungen und dem Moorbeet ist unzugängliches Rückzugsgebiet für Tiere und Pflanzen.

Ein Drittes ist das Schwimmbecken an der Südseite des Hauses. Auch dieses ist strukturell und axial in das Gebäude integriert und erscheint als klares geometrisches Gebäudedetail. Von Anfang an wurden jedoch die eingebauten Wasseraufbereitungsanlagen außer Betrieb gesetzt und das Becken der Selbstreinigung überlassen. Ein Holzkübel mit Seerosen am Beckenende wurde bald zur biologischen Insel und zum Stützpunkt für vielfältiges Wasserleben, und es ist ein einmaliges Erlebnis, sich schwimmend den Wasserfröschen auf den Seerosenblättern bis an den Blattrand zu nähern. Das geometrische Wasserbecken wird somit durch das Wasserleben und die umgebende natürliche Vegetation in die Landschaft eingebunden.

Die Jauchegrube als Planschbecken

Der Gesamtplan über eine dreiteilige Bauernhausgruppe soll die gestalterische Einheit von Zugang, Innenräumen und Garten zeigen. Beim Bau war über die weitere Verwendung der eingedeckten Jauchegrube zu entscheiden. Eine augenblickliche Laune gebar den Einfall, sie freizulegen und als Wasserstelle dem Aufenthaltsbereich zuzuordnen. Granitrandsteine fassen die Längsränder und ein Quersteg aus einem Balkenpaar verbindet die Haus- mit der Gartenseite des mittleren Hauses.

Die Zweiteilung verhindert zwar die großflächige Nutzung des Beckens, schafft aber den doppelten Vorteil: Der Kleinkinder wegen bestanden die Eltern auf einer Kiesfüllung bis Planschbeckentiefe. Damit kann die eine Beckenhälfte mit Wasserpflanzen ungestört begrünt werden, während die andere Seite dem Kinderbad vorbehalten bleibt. Die Brücke selber bietet als weiterer Vorteil die Beschattung einer Wasserzone, was als aquatisches Dunkelbiotop für die

*Das schmale Becken für die
Kleinkinder, Amphibien
und Fische*

Der Gartenplan

76

biologische Vielfalt einer derartigen Kleinanlage höchst wertvoll ist und die Selbstreinigung des Wassers fördert. Als Spur einstiger Nutzung gehört das kleine Werk zum Ambiente einer ländlichen Siedlungsart und bereichert die Gartenstimmung.

Ein »Burggraben«

Unter den vielen Möglichkeiten des Verhältnisse von Wasser zu Architektur hat das nebenstehende Beispiel einen besonderen Reiz. Das Haus steht visuell im Wasser, eine Art Burggraben spiegelt den Bau wieder und strahlt gleichzeitig Schutz und Sicherheit aus. Eine naturgebrochene Sandsteinplatte verbindet den Wohnraum und den gegenüberliegenden Sitzplatz. Das Gartenhaus fasst den Raum und mit den geschwungenen Umfassungsmauern entsteht ein wohnlicher, gestufter Innenhof.

Das Dachwasser des Gartenhauses wird in einem granitenen Rundtrog gefasst, fließt über und rinnt ins Becken. An beiden Beckenenden steht Röhricht und ist für Amphibien und Fische Unterschlupf und Überwinterungsquartier. Für die Kinder ist neben der steinernen Brücke aus weich geschliffenen Findlingen ein leichter Klettersteg gebaut. An heißen Tagen kühlen sich die Kinder neben den Fröschen, paddeln mit einem kleinen aufblasbaren Schlauchboot und lassen ihre selbst gebastelten Galeeren treiben. Neugierde wird geweckt für den Schwarm der Fische, die Wasserkäfer und Libellenlarven, Bergmolche, Kaulquappen, Kröten und Frösche. Wie ein Teppich bedecken die grünen Algen den steinernen Boden und es käme niemals der Gedanke auf, vor schmutzigem Wasser zu warnen.

Beim Bau dieses Grabens wurde das Profil der Baugrube genutzt. Über eine sorgfältig verdichtete Auffüllung bis zur gewünschten Beckensohle wurde die Dichtungsfolie gelegt und an der Gebäudefront 10 cm über den Normalwasserstand hochgezogen, befestigt und abgedichtet. Über einer Drahtgitterarmierung wurde der Schutzmörtel aufgetragen und in einer letzten Fertigung so übergeworfen,

*Garagendecke als Lagerplatz,
im Bau.*

dass ein unregelmäßig grober Saum entstand, der sich am Wasser in Kürze bemooste und mit kleinen Gräsern und Stauden begrünte.

Der Teich auf dem Garagendach

Es war ein skurriler Einfall, auf einer in die Böschung ein-gebauten Unterflurgarage eine Wasseranlage zu bauen. Stehende Betonwinkel grenzten die zukünftige Teichdich-tung gegen den kies- und erdgefüllten Gebäuderand, der mit Trocken- und Heidevegetationen als Hintergrund und Binde-glied zur nachbarlichen Vegetation wirkt. Die Wasserfläche wurde gegen das Wohnhaus über den Garagenkörper gezo-gen, was erlaubte, im Hinterfüllungsgebiet die Gewässer-sohle abzutiefen.

Mehrere Elemente sind bei diesem Projekt aufs Schönste verwirklicht.

Zum Ersten ist es gelungen, durch die diagonale Anord-nung auf dem Grundstück und durch Einbeziehen des nach-barlichen Hintergrundes optisch eine unbegrenzte Weite vorzutäuschen. Dazu beigetragen hat, dass der Höhenunter-schied zwischen dem Wohngebäude mit den ebenerdigen Schlaf- und Wohnräumen und dem Teich durch eine voll-flächige Steinverbauung mit Blöcken und Platten vom Wasser bis zu den Türschwellen als Relief überwunden wurde. Ein kleiner Natursteinplattenbelag greift in die an-grenzende Trockenlandschaft der Kiesböden und Magerrasen.

An diesem Beispiel offenbart sich etwas Neues: Der Gar-ten teilt sich nicht mehr in klar getrennte Zonen, sondern wird zur ganzheitlichen Landschaft. Überall verstreut sind Stellen zum Sitzen, Nischen für Liegestühle, Flächen zum Gehen. Gleichzeitig aber ist jeder Flecken je nach Lage viel-fältig begrünt und verlangt die Aufmerksamkeit des Benut-zers. Hier begegnen wir der so hochgradig verfeinerten japa-nischen Gartenkultur: Ruhe, Sorgfalt und Respekt, aber auch Freude an der Schönheit der Bodenmaterialien und der Bepflanzung.

Die große Aufnahme auf S. 81 zeigt die plastische Ornamentik eines Wurzelstockes. Zweck ist es, für Pflanzen und Tiere Nischen zu schaffen. Holz bedingt durch seine Feuchtigkeits- und Wärmespeicherung ein eigenes Kleinklima und fördert sofortige Besiedlung.

Dieses Objekt betont besonders die Bedeutung der Gestaltgebung. Dieser Wurzelstock ist eine Skulptur. Doch schon beim Versetzen zeigt sich, dass es vieler Wendungen und mehrmaligen Verrückens bedarf, bis sich dieser Wurzelkörper in einer natürlichen Lage befindet: Sein Gleichgewicht und seine räumliche Orientierung müssen ihn aus allen Blickwinkeln als selbstverständlich und doch spannend erscheinen lassen. Zusammen mit der benachbarten Kiefer bildet er ein Ensemble aus Skulptur und Biotop. Die Harmonie der Gestalt entspringt dem Gleichgewicht der Materie und dem Naturhaushalt.

Oben rechts:
Vom Schlafzimmer aus der Blick
über Sandsteinstufen auf den
Teich

Unten:
Plan des Teiches über der
Garagendecke, Sandstein-
Blockverbauung und Sitzplatz

In diesem Sinn sind auch die drei Aufnahmen der Steinlagen zu sehen. Es sind geschichtete Sandsteinblöcke und
Platten. Kanülenartige Bohrungen wie beim Profil griechi-
scher Säulen erinnern an den Schnitt im Gefälle, die ausein-
ander stehenden halben Bohrlöcher an die horizontale

82

Geometrie und Natur.
Die Fotos auf den beiden Seiten
zeigen:
Menschliche Gestaltgebung
widerspricht nicht der Natur

Bruchstelle, wo die Platten durch Keile in diesen Löchern losgesprengt wurden. Schon das Relief dieser Steine ist somit Spur menschlicher Gewalt und generationenlanger Erfahrung im Umgang mit mächtigen Massen und Kräften. Nun liegen sie da, zeigen urgeschichtliche Ablagerungen und Handwerk. Stein fügt sich an Stein, Oberflächenstruktur, Gesamtform, Raumorientierung durch Proportionen, das Relief der Kanten ordnet das Mosaik.

Dazwischen steht die Vegetation. Das Kieslager der Steinanlage ist bester Untergrund für eine kalkliebende Trockenvegetation. Es sind großenteils Gewürzpflanzen wie Thymian, Rosmarin, Salbei, Ysop, dazu die kriechenden ausdauernden Blüten- und polsterbildenden Stauden sowie Sukkulenten. Sie bilden sofort Pflanzengesellschaften mit aufkommenden passenden Wildlingen. Es bedarf nur noch behutsamer Pflege, damit sich derartige ortsgerechte Arten von selbst im Gleichgewicht halten. Einzig die Sämlinge von Sträuchern und Bäumen sind zu beobachten – Weiden, Pappeln, Ahorn, Sommerflieder würden auch hier durch Schattenwurf den Reichtum an Pflanzen und Insekten vernichten.

So stehen denn diese Bilder als Beispiel, wie menschlicher Formwillen und Einfühlung in die Natur ein artenreiches Biotop im Gleichgewicht halten.

Ein Rückhaltebecken als Schwimmteich

Die Aufgaben eines Architekten und Landschaftsgestalters sind vielfältig und verlangen oft Witz und Fantasie, um aus Not und Banalität etwas zu machen.

Bei einer Neuüberbauung blieb in der Geländemulde neben der Unterflurgarage noch Platz, um das verlangte Rückhaltebecken für das Niederschlagswasser anzulegen. Die tiefliegende Garagenfront musste zur Belüftung offen bleiben, was den Bau eines Schutzwalles mit sich brachte. Über der verdichteten Fundamentierung wurde Sickerbeton als Dammkrone geschüttet und mit Mörtel zu einer begehbaren Mole gestaltet.

84

*Ein Damm gegen das
tiefer liegende Parkhaus staut das
Retentionsbecken*

Die Wasseranlage verlockte durch ihre Nähe zum zentralen Siedlungsplatz über der Garage zu öffentlicher Nutzung. Auf der Bauaufnahme erkennt man die Gestaltungselemente. Im Vordergrund liegt der Damm mit der hellen Betonkrone. Links im Bild, im Schatten, fällt die Sickerbetonflanke gegen die Fensterbrüstung der Tiefgarage ab. Sie ist ganz leicht mit Humus überworfen, damit spontane Begrünung in den Betonporen mit den Wurzeln Boden fassen kann. In kurzer Zeit schon war diese Böschung grün überdeckt.

85

Im Becken trennen zwei Mäuerchen den Mittelbereich von den ansteigenden Seiten. Ihre Sohlen sind mit Kies hinterschüttet, um zukünftigem Röhricht Stand- und Wurzelfestigkeit zu bieten. Das Mittelfeld bleibt von Bepflanzung frei und gehört den Badenden. Ein derartig untiefes Gewässer erwärmt sich schon in früher Jahreszeit, doch die Seitenflächen mit Beschattung durch Wasserpflanzen und Röhricht behalten ihr eigenes Kleinklima. Der Badebetrieb ist nicht nur Störung, sondern fördert die nötige Durchmischung der Wärmeschichten. Pflanzen und Tiere behalten ihre seitlichen geschützten Nischen. Was in diesen Bildern im Bau und während der ersten Füllung gezeigt wird, wuchs in Kürze derart ein, dass niemand mehr ein technisches Bauwerk vermuten konnte.

Dieses Projekt zeigt einmal mehr, dass technische Voraussetzungen und Bauteile die Anlage bestimmen. Wir sollen die Architektur und die Tiefbauten nicht verstecken, sondern etwas daraus machen. Gerade die technische Geometrie steigert die Wirkung der Natur. Je widernatürli-

Das Becken im Bau mit zentralem Schwimmbereich. Im Vordergrund die Dammkrone aus Geröllbeton

Die Anlage ist eben fertiggestellt und man erkennt unter Wasser die Flügelmauer

cher oft schon die Lage eines Gewässers ist, umso bedeuten-
der ist unsere formale Beherrschung des Widerspruchs. In
diesem Fall ging es um die Höhenlage eines Teiches über
der Fensterfront der Unterflurgarage. Schon die Konstruk-
tion des Dammes musste gut überlegt sein. Der Kern konnte
wohl verdichtet werden, die Böschung zur Fensterfront hin-
gegen und die Krone brauchten jedoch Verstärkung und
Sicherung aus Geröllbeton. Er ist durchlässig und erlaubt die

87

Durchwurzelung mit Kalk und Trockenheit liebenden
Stauden. Als hervorragender Vegetationsträger ist Geröll, bei
technischer Notwendigkeit Sickerbeton, ein noch kaum ent-
deckter Baustoff. So wird der Damm als Damm gezeigt,
seine Flanken werden begrünt und die Krone wird dem
Aufenthalt erschlossen.

Aushubplan

Ein gestufter Schwimmteich

Bei großen Gewässern ist die Filtrierung des Wassers zur Klärung nicht möglich und auch unnötig. Im Rahmen einer Überbauung mit 85 Einfamilienhäusern in einem städ-

Gestaltungsplan

tisch verdichteten Wohngebiet bot sich, dem Zeitgeist entsprechend und als besondere Attraktion, »Natur vor der Haustüre« an. So wurde dann neben den vielen Kleingärten in der Mitte ein großzügig ausgespartes Feld nicht irgendeinem Zierrasen gewidmet, sondern einem zweigestuften großen Teich mit diagonalem Steg. Während der obere Teil über dem Damm unbegehbares Biotop bleibt, reserviert die Hausordnung das untere Becken dem Badebetrieb. Seitlich sind Buchten mit Röhricht und angrenzend ein Schongebiet.

Oben:
Bau der Stegpfeiler und
Sohlenentwässerung

Oben rechts:
Stegdetail: Bohlen und Träger der
Sitzbalken

Unten:
Quartiergeselligkeit

90

Die Teiche werden durch einen kleinen öffentlichen Bach gespeist und durchflossen. Im ersten Jahr bedeckten große Grünalgen der Pionierphase, die sich vom steinigen Boden gelöst hatten, die Wasseroberflächen und führten erwartungsgemäß zur großen Enttäuschung der Bewohner. Algen lassen sich in diesem Stadium auch mit feinen Netzen kaum abfischen, sondern zerstäuben zu milchiger Brühe. Eine erste Aufklärung der Bewohner und Mahnung zur Geduld hatte Erfolg, und schon die zweite Jahreshälfte gewährte nahezu »ungetrübte« Badefreuden. Die Teiche sind über einer Sohlenentwässerung mit Kunststoffabdichtung angelegt. Darüber liegt das 300 g-Schutzvlies und der mit Kies überworfene Schutzbeton. Die Sohlenentwässerung ist während der Bauzeit und für eine spätere, möglicherweise

Oben:
Die Granittreppe als Einstieg

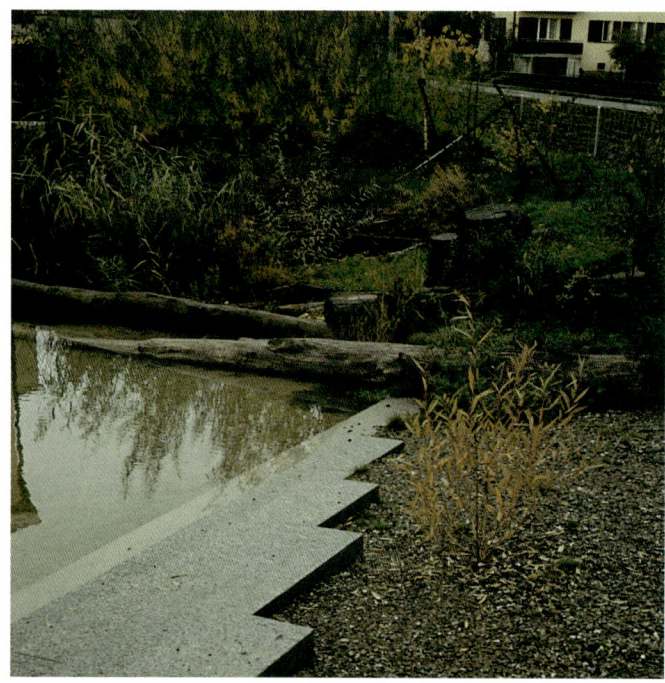

Unten:
Baumstämme markieren die
Grenze zum Röhricht

notwendig werdende Entleerung vonnöten und ist so angelegt, dass die Becken auch einzeln entleert werden können.

    Sonnenbeschienene Ufer, Kinder schwimmen und Gum-
miflöße treiben auf glitzerndem Wasser. Die Idylle verbirgt

ein Werk in der Tiefe, das, weil sorgfältig bedacht, die Sorglosigkeit an der Oberfläche ermöglicht.

In einer ehemaligen Lehmgrube, eingeschüttet mit Aushub und minderwertigem Lehm, waren die Teiche geplant. Um für den Steg einfache Tragelemente für die Wasserdichtung zu schaffen, wurden runde Pfeiler vorgesehen. Als Arbeitsplanung für die Ramme wurden ein breiter Graben ausgehoben, die Pfahlpaare gerammt, eine Sockelplatte gegossen, die Zementringe über die Armierungskerne hochgezogen und ausgegossen. Erst jetzt wurde der Aushub genau nach gezeichneten Profilen vollendet und die Sohle geglättet. Gleichzeitig mit dem ersten Aushub und mit dem Bau der Pfeilerfundamente legte man die Entwässerungen, zwei Stränge mit unterschiedlicher Funktion und den nötigen Schächten.

Wie bei allen Teichen und bei einer großen Anlage erst recht, bedarf es der Sohlenentwässerung während der Bauzeit und für die Zukunft. Jedes Becken erhielt seinen eigenen Pumpensumpf mit offenem Zementring, nach Abschluss des Baus mit wasserdichten Deckeln verschließbar.

Ein zweiter Strang besitzt ebenfalls in jedem Teichbecken einen Schacht, um 50 cm über die Sohle erhöht, mit gelochtem Deckel. Die Überhöhung bezweckt, ihn von festem Gerümpel auf dem Grund freizuhalten. Dieser Entwässerungsstrang mündet in einen eigenen Kontrollschacht mit Schieber, so dass die Teiche bei Bedarf entleert werden können. Die Trennung der beiden Entwässerungssysteme erfolgte, um nicht bei Teichablass den Sickerstrang der Sohlenentwässerung durch Rückstau zu fluten und unter der Dichtungsfolie den Boden auszuwaschen.

Formal und konstruktiv geht auch der Steg neue Wege. Holzbohlen liegen auf quergelegten Stahlwinkeln. Es sind Winkelpaare, die, damit die Bohlenverschraubung dazwischen liegt, von unten verschraubt werden und so das Holz nur auf den schmalen Schenkelköpfen aufliegt, was zugleich Durchlüftung und Schutz vor Fäulnis bedeutet. Statt eines vorschriftsmäßigen Geländers einigte man sich darauf, beidseitig auf Sitzhöhe etwa 60 cm breit drei massive Balken zu legen. Sie laden zum Verweilen und zur Begegnung, zum Sonnenbaden und als Sitz beim Fischen ein. Damit ist aus

93

dem Steg etwas Neues geworden, nicht mehr nur Verkehrs-
kanal und Brücke, sondern Aufenthaltsbereich mit starkem
Bezug zum Wasser.

An jedem Gewässer sind die Ufer das Bestimmende. Wie
der Aushubplan deutlich erkennen lässt, folgt eine breite,
schwach geneigte Sohle der Uferkante. Die eine Front mit
dem Stegkopf ist charakterisiert durch eine Treppenanlage in
Naturstein zum Einstieg ins Wasser. Mütter setzen sich auf
die Stufen und lassen die Kleinkinder planschen. Bänke in
Hecken umschlossenen Nischen unter schützenden Bäumen
laden auch hier zu sommerlicher Begegnung ein.

Mit dem Projekt war eine wesentliche Auflage des Natur-
schutzes verbunden. Die frühere, später aufgelassene Lehmgrube war ein wertvolles Biotop und Habitat seltener Pflanzen und Tiere. Wenigstens in minimalem Maße sollte Ersatz

geschaffen werden. So wurden Ufer und Buchten durch Holzverbauungen, Schutt und Felsbrocken unzugänglich gemacht und mit vielartigen Nischen versehen. Eine angepasste Uferbepflanzung nimmt vorweg, was sich im Laufe der Zeit ökologisch ergänzt. Ein derartiges Gewässer bleibt ein Störungsbiotop und bietet gerade darin die Chance, auch zukünftig spezialisierten Pflanzen und Tieren Bestand und Unterschlupf zu gewähren.

Ein Quartiersee

1978 wurde ein Gestaltungswettbewerb über das ganze Universitätsgebiet Zürich-Irchel ausgeschrieben mit der Auflage, möglichst einheimische Gehölze zu verwenden.

Der Nordbereich des Sees mit Einlaufbecken oben, Auslaufbauwerk unten

*Das obere Becken
mit Südbereich des Sees*

Dies war der Anlass, die Aufgabe völlig neu zu stellen. Das westliche Parkgebiet, vom Verkehr umbrandet, wurde mit bewaldeten Hügeln umfasst und gegen den Lärm abgeschirmt. Ein Netzwerk von Wegen durchzieht das Areal und schafft vielfältigste Landschaftskammern wie Spielwiesen, Blumenwiesen, Brachflächen, Hecken und Gehölze. Im Zentrum liegt der stark gegliederte See als Erlebnisbereich mit geschützten Spezialbiotopen und Bademöglichkeiten.

Ein natürliches Gewässer ist bestimmt durch die Ufergestaltung. Untiefen, seichte und wechselfeuchte Sumpfzonen und der anschließende Ufersaum besitzen die ihnen entsprechende Fauna und Vegetation. Eine wesentliche Seite der Parkgestaltung bestand darin, dem menschlichen Benutzer ein Biotop zu schaffen, das seine Ansprüche erfüllt und ihn davon ablenkt, natürliche Spezialbiotope zu beanspruchen und damit zu zerstören.

Der technische Gestaltungsplan als Grundlage des Aushubs lässt ein wesentliches Merkmal des Geländeprofils erkennen. Der schwach geneigte Uferbereich wird in 70 cm

Erratische Blöcke

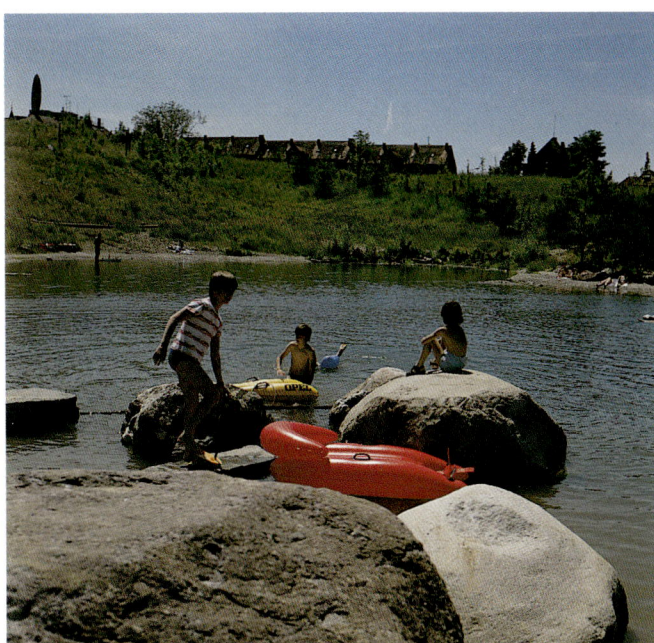

Wassertiefe durch eine Berme, eine horizontale Stufe, gefasst. Sie hat doppelte Bedeutung: Sicherheit für Kinder, die
hier noch stehen können, und die Möglichkeit, in dieser
mittleren Wassertiefe Verbauungen aufzulagern und Röhricht zu pflanzen.

Dann fällt der Grund steiler in die Tiefe bis 1,50 m unter
Wasserstand, um nochmals eine Stufe zu bilden, wo ein
Erwachsener Stand findet. Auch hier bietet sich erneut eine
Pflanzmöglichkeit.

Über undurchlässigem Grund musste das Becken wie im
Straßenbau mit Asphalt gedichtet werden. Sohlenentwässerung unter der Dichtung und Grundablass waren sorgfältig
zu planen. Der kleine See wird durch die Wasserzufuhr
eines bergseitigen Baches gespeist, dessen einwandfreie
Wasserqualität zur Reinigung beiträgt. Die Niederschläge
und alles Oberflächenwasser dieses Talkessels werden dem
Becken zugeführt.

Schon während der Fertigstellung des Parkgebietes er-
oberten die Kinder das Gewässer. Sie erbeuteten Baumate-

*Stille Bucht und ein Trampelpfad
entlang dieser Bucht*

rial, wälzten Baumstämme aus den Uferverbauungen und
entwickelten ein wildes nautisches Leben. Nicht nur der
Badebetrieb, das Erlebnis Wasser, hatte unerwartete Formen
gefunden, sondern ganz besonders die damit verbundene
Baulust und Fantasie im Umgang mit dem Nass. Mit Ab-
schluss der Bauarbeiten verschwanden Bauschutt und Holz-
abfälle und damit ein ganz wesentliches Element kindlicher
Erfahrungswelt. Es ist für die Zukunft ernsthaft zu überle-
gen, wie auf selbstverständliche Weise dem komplexen
Spieltrieb des Jugendlichen Material geboten werden kann.
Auf selbstverständliche Weise deshalb, weil gerade im
»Stehlen«, Aneignen und Erobern ein wesentlicher, gesun-
der Ansporn liegt, was auf den perfektionierten Robinson-
Spielplätzen nicht zu finden ist.

Überblick auf den Seespielplatz

Mit diesem Thema sind wir im Kern einer Problematik, die uns in allen Fragen der Natur – und der Mensch ist davon eben in keiner Weise ausgeschlossen – gestellt ist, nämlich dem Mangel an Störungs- und Zerstörungsbiotopen. Ein ganz wichtiger Lebensbereich für pflanzliche und tierische Lebensgemeinschaften ist deshalb in der stabilisierten Landschaft am Aussterben, und auch dem jungen Menschen fehlt ein wesentlicher Anteil an diesem Typ Lebensraum, um seine geistige und körperliche Erfahrung harmonisch zu schulen.

Gestalterischer Leitsatz dieses Parks ist, in allen Bereichen eine höchste Vielfalt an Voraussetzungen zu schaffen und die Natur sowie den Menschen nach Maßgabe ihrer Interessen Besitz ergreifen zu lassen. In diesem Sinne wir-

99

*Der Seesteg mit der breiten
Sitzbrüstung aus Balken*

ken das höher gelegene Einlaufbecken in den Steinverbauungen und der See mit zwei besonderen Uferstreifen sowie der Holzsteg als Orte, wo das Wasser für Besucher jeden Alters zugänglich gemacht ist.

Vor allem der Seespielplatz bietet eine Vielfalt an Elementen, die vom Kleinkind bis zum Jugendlichen gefahrloses Spielen und Baden erlauben. Fingertiefe Wasserstellen senken sich zu knietiefen Bereichen, die mit schützenden Blöcken gefasst sind, um nicht nur technische Sicherheit, sondern auch psychologisch Geborgenheit zu vermitteln. Das Relief der Platten, Kuben und erratischen Blöcke kann Ansporn für die kindliche Fantasie sein, darin Brücken, Molen und Häfen zu sehen. Die Wirklichkeit zeigt, dass dieses menschliche Biotop in hohem Maße angenommen wird und sich bei Kinder und Jugendlichen bis hin zu Erwachsenen selbst im innerstädtischen Bereich eine Erfahrung mit natürlichem Gewässer entwickeln kann.

Nicht gelöst ist die Frage der Wasserqualität. Messungen weisen nach, dass die Zufuhr von bester Qualität ist, wenn-

100

Seekai und Sandspielplatz

gleich offensichtlich in ungenügender Menge. Die Wassergüte des Sees schwankt je nach Jahreszeit. Der Grund dafür
ist die Gewässerverschmutzung als Folge einer Kettenreak-
tion. Nicht die Badenden trifft die Schuld, sondern ein ganz
besonderes soziales Problem und Bedürfnis: die Tierliebe.
Kinder, Familien und vor allem Einsame haben ein urtümli-
ches Bedürfnis, Tieren Zuneigung zu schenken und die Reaktionen darauf zu genießen. So werden sackweise Lebens-
mittel herangeschleppt, um die »armen darbenden« Wasservögel zu jeder Tages- und Jahreszeit zu füttern. Dies führt
zu einer unheilvollen Überpopulation der Wasservögel, die
den See derart überdüngen, dass sich in der Tiefe der Pflanzenwuchs und die Fische tonnenweise vermehren, womit
die Düngung in der Kette weitergetragen wird und es heute
noch nicht abzusehen ist, wie dieser Kreislauf unterbrochen
werden kann. Da der soziale Aspekt der Tierfütterung nicht
durch Verbote beeinträchtigt werden soll, wird der einzige
Weg vielleicht sein, die Bevölkerung durch Aufklärung auf
bessere Art mit der Natur vertraut zu machen.

101

Der Seespielplatz

Schon die ersten Gedanken während des Wettbewerbs richteten sich ganz besonders auf das Gewässer und dessen Belebung. Der Widerspruch zwischen heiler Landschaft und intensiver menschlicher Beanspruchung war offen dargelegt und verlangte eine Antwort.

Das kanalartige Einlaufbecken, erhöht liegend als Teil der Treppenlandschaft, vereint Naturelement und Kunstwerk. Die Natursteinbrücke und die beiden Brückenfragmente gliedern den Raum und sind Treffpunkte für die Benutzer und Auftakt zum See.

Dort wird der genannte Widerspruch ausgetragen. Vielfältig ist das Seeprofil und die angrenzende Landschaft. Un-

Seespielplatz mit Buchten und Molen

102

zugängliche Buchten wechseln mit Uferwegen, die große Spielwiese grenzt ans Wasser, und als Kernstück liegt an der Ufermitte der Spielplatz. Vom Hügel mit seiner Häufung von erratischen Findlingen, der Moränenburg, senkt sich die Flanke zum Sandspielplatz über dem Ornament ausgedienter Granitrandsteine. Der Kai als Relief granitener Bruchstücke mit einer Treppe zum Einstieg und Landeplatz endet in der großen Skulptur aus Findlingen, Blöcken, Platten und eichenen Brücken und Riegeln. Untiefen sind mit einer Mole gesäumt, Buchten, Kanäle, Häfen und Felsrippen locken zum Herumklettern und Spielen am und im Wasser. Die Vielfalt der Materialien, Konstruktionen und Räume soll auf engem Raum den verschiedenen körperlichen Ansprüchen und einer mannigfaltigen Körpererfahrung dienen. Auch hier sollen die Kinder nicht nach Altersklassen getrennt spielen.

Kletterreliefs aus Findlingen und Blöcken, daneben Holzbrücken und Kletterstege im Wasser

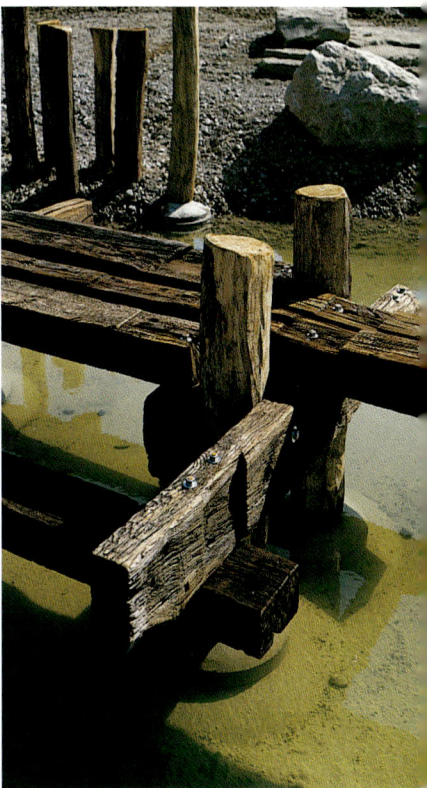

Der Schwimmteich auf dem Bauernhof

Ein Schwimmbecken passt doch ganz einfach nicht auf einen Bauernhof, wird mancher sagen. Doch gibt es nicht etwas, das den Widerspruch lindert oder gar überspielt? Die Lösung ist Ordnung. Jedes Ding braucht seinen Platz, was immer es auch sei. Das ehemalige Bauernhaus mit angebauten Wirtschaftsgebäuden war sorgfältig renoviert, der Garten verwildert und ungestaltet mit einigen zufälligen Obstbäumen.

Axial zur großen Giebelfassade wurde ein traditioneller Bauerngarten neu angelegt. Von einem kleinen Platzrund strahlen sternförmig die Gartenpfade aus Holzschnitzeln und umfassen ein Ornament von Blumen- und Gemüsebeeten. Kein Schein altfranzösischer Gartenarchitektur soll kulturelle

Lageplan

Das Schwimmbecken im Bau

Blick über das Sonnendeck mit dem Einstieg

Blick gegen das Haus

Tradition vorspiegeln, sondern die Freude an der Gartenarbeit möge die Schönheit ihrer Früchte zeigen. Nicht Konstruiertes, sondern nach Laune Gewachsenes bedingt die Ästhetik.

In der Querachse eröffnet sich eine Perspektive in die Landwirtschaft und zum fernen Wald. Als bekiestes Wegstück endet sie am hölzernen Sonnendeck mit Einstieg ins geometrische Unterwasserbecken. Die Regenwasserschale vom Haus zum Gewässer verstärkt diese Querbewegung, grenzt an die strenge Holzfläche und setzt sich auf der Gegenseite als helle Rippe über dem dunklen Wasser in die Ferne fort.

Der Teich ist zweigeteilt in den Schwimmbereich mit tief gesetzten Seiten und Stirnmauern und in die frei geformte Teichseite mit weichen Ufern und Röhricht. Deutlich unterscheidet sich die Wasserqualität: Nach den ersten Betriebsmonaten im Herbst ist das Wasser im Schwimmbecken trüb. Die Entwicklung wird auch dieses Verhältnis verändern.

Umbau am Waldrand

Bewusst werden von diesem Beispiel nur Bausituationen gezeigt, denn der Waldweiher lässt heute kaum mehr erkennen, dass im grünen, klaren Wasser das abgetiefte Schwimmbecken liegt. Durch den Holzsteg ist auch diese Anlage zweigeteilt in den überfluteten Beckenbereich, abgewinkelt mit Treppenanlagen, und den umgreifenden Teich mit Pumpe und Sandfilter.

Ursprünglich war das Stahlbetonbecken mit blauem Kunststoff ausgekleidet und die Mauerkronen mit Platten abgedeckt. Wasserdüsen sorgten für die richtigen Strömungen gegen den Skimmer. Ein Bodenablauf gehörte zum System. Während nun die Frischwasserzufuhr endgültig aufgegeben wurde, blieb das Standrohr des Skimmers für zukünftige, noch unbekannte Funktionen erhalten.

Vom Bodenablauf führt heute die Leitung direkt auf die Pumpe, von dort durch eine weitere Leitung in den Teich. Das Beckenwasser kann also über das bestehende System

Situationsplan

abgesogen werden und fließt dann über den Teich mit seinem Röhricht durch den sandigen Bodenfilter zurück ins Schwimmbecken.

Deutlich erkennbar ist im Bild auf der Beckenwand die dunkle Nassstelle, wo aus der Teichsohle nach einem Gewitter das Wasser verzögert nachrinnt.

Nicht immer ist es möglich, für Verbauungen geeignetes, bizarres Hartholz mit kräftigem Astwerk zu finden. Hier lieferte der Förster überalterte Fichtenstämme. Sie wurden zu Schichten mit Querlagen zusammengefügt, mit Astwerk ausgeflochten und schließlich mit Erde und Holzhäcksel ausgefacht. Auf diese Weise wurde die Umgebung in das Bauwerk integriert. Die Stämme sind Substrat und Träger für die zukünftige hoch spezialisierte Vegetation eines Feuchtstand-

107

*Das bestehende Becken,
nach rechts der Teich, links
der Wintergarten im Bau*

ortes. Diese Art Moorbeet ergänzt sich pflanzengesellschaft-
lich von selbst und erfüllt mit der Zeit das vorgegebene
Biopotential.

Immer wieder verlockt es, die trennende Beckenwand in
einer Weise zu gestalten, dass die technische Absicht verbor-
gen bleibt und das Wassererlebnis vielfältigen Anreiz findet.
Der Steg wird zum Ornament, dient gleichermaßen dem
Überschreiten, dem Aufenthalt am Wasser wie auch als
Sprungbrett zur Badefreude. Eine sorgfältige technische Ausführung der Detailarbeiten schützt die Holzteile vor frühzei-
tiger Fäulnis.

108

Oben, links:
Der hölzerne Trennsteg und
Holzverbauungen am Beckenende
für das zukünftige Moorbeet

Unten links:
Man erkennt an der rechten
Wand den Durchlass vom höher-
liegenden Teichboden

Oben:
Im Rohbau; der Damm
mit den Unterwassermauern
in Ausführung

Unten:
Die Teichsohle wird abgeglättet

Der Schwimmteich am Steilhang

Ein stehendes Gewässer an steiler Böschung kann nicht auf natürlichem Wege entstanden sein und es braucht besondere formale Einfühlung, um ein solches Projekt zu rechtfertigen.

Der Kern einer derartigen Aufgabe liegt darin, den Ausgleich vom bergseitigen Anschnitt der Böschung, der Erdmasse des Aushubes mit der dammartigen Anschüttung auf der Talseite zu errechnen. Dazu muss das gesamte Relief ein ausgewogenes Spiel von steilen und verbauten Stellen, Rippen, Flanken, diagonalen Anstiegen mit Angleichung an vorhandene Bodenbewegungen werden. Das Neue baut sich aus der Charakteristik der bestehenden Umgebung auf. Die spätere Bepflanzung reagiert auf die Geländeformation, betont und steigert sie und greift über in die gewachsene Nachbarschaft.

Gleichzeitig mit dem Aushub wurde bei diesem Projekt der Damm schichtweise aufgetragen und verdichtet. Die

Flanken wurden großzügig modelliert und Steilstellen mit schwerem Fallholz verbaut. Die Dammkrone von wechselnder Breite wurde durch Rundholz verstärkt, mit Magerbeton umschüttet und mit Kies überworfen, was sich auf der Wasserseite als Betonüberwurf auf der Kunststofffolie fortsetzt. Schon bei der Fertigstellung ließen die Oberflächen und der Erdkörper nicht mehr erkennen, dass hier künstliche Aufschüttung und Beton das Gewässer ermöglichen. Die einheimischen Gehölze verankern die Verbauungen, fassen das Gewässer räumlich und trennen es vom tiefer liegenden Obstbaumgarten.

Das erste Bild zeigt den abgeglätteten Aushub. Der Arbeiter im Vordergrund schaufelt die Standfläche für den zukünftigen Überlaufschacht.

Situationsplan

Blick über die Gesamtanlage

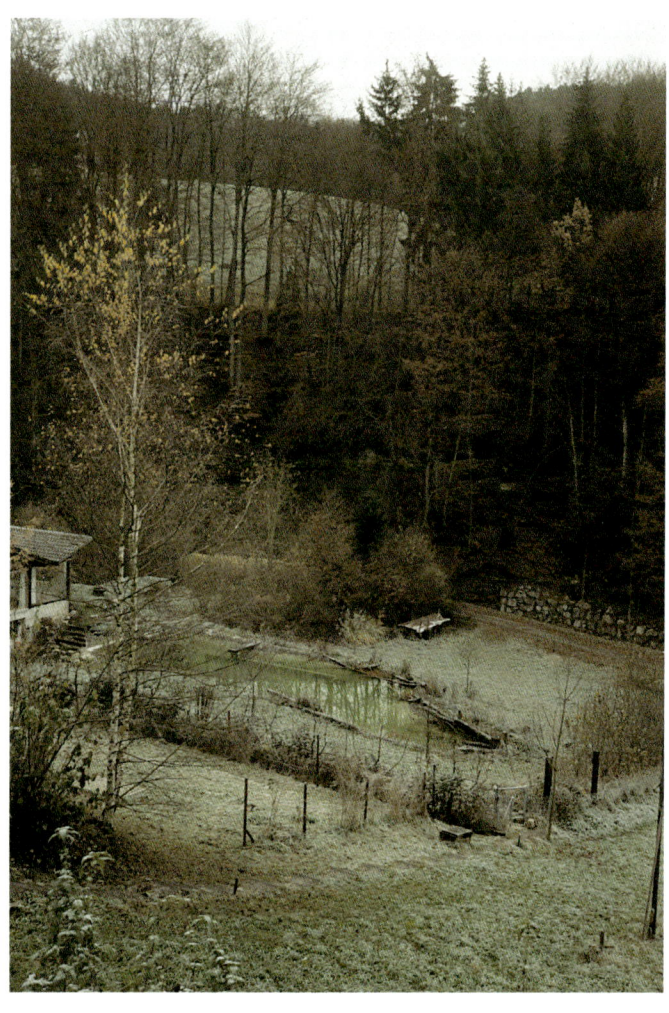

Rechts unten:
Der Wasserstand steht am Teich-
kopf teilweise höher als der
Sitzplatz. Die vorgängig errichtete
Stützmauer erlaubt das Hoch-
ziehen der Isolationsfolie vor dem
Beckenbau

112

Im zweiten Bild erkennt man deutlicher die Geländeformation mit Anschluss an das gewachsene Terrain. Die Kunststofffolie ist aufgetragen, mit weißem Schutzvlies abgedeckt
und mit grobem Magerbeton überworfen. Die Ausbildung
der Ränder fehlt noch, da vorrangig der Mauerbau drängt.
Nach der Fertigstellung des Beckens mit seinen Anschlüssen
und Zugängen läßt sich die differenzierte Ufergestaltung
beurteilen und unbelastet vom groben Baubetrieb gärtne-
risch verfeinern. Der Vordergrund im Bild, Zwischenglied

vom Haus zum Wasser, ist noch nicht abgetragen. Beim zweistöckigen Haus lautete die Aufgabe, sowohl das unten liegende Schlafgeschoss als auch das darüberbefindliche Wohngeschoss in die Wasserebene zu integrieren.

Eine formale und technische Besonderheit war somit an diesem Projekt zu lösen. Die Höhe des Wasserspiegels im Verhältnis zur Ebene des Wohnraums und den darunter liegenden Schlafräumen, die Sohle des Beckens, der Geländeausschnitt und der talseitige Damm waren landschaftsgestalterisch ins Gleichgewicht zu bringen. Diese Zusammenhänge bestimmten schließlich die Lage und die Form des Gewässers und insbesondere den räumlichen Bezug zum Gebäude.

Der Beckenrand kam höher zu liegen als der Hof vor den Schlafräumen, die Beckenkante wurde als Brüstung architektonisches Motiv. Das einfache Prinzip unserer Schwimmteiche als isolierte Grube mit hineingestelltem Mauerwerk war hier durchbrochen: gegen den Wohnhof fehlte der Untergrund. Die folgerichtige technische Lösung lag darin,

Oben:
Der Teich im Herbst und
Holzverbauungen an den Ufern

nach dem Aushub als Erstes eine Umfassungsmauer auf eigenem kleinem Fundament zu bauen. Die Mauerenden, abgewinkelt als Verstärkung, sind gleichzeitig formales Zeichen ihrer stützenden Funktion. Ein Schutzvlies wurde beckenseitig hochgezogen und die Kunststoffdichtung im Zuge der gesamten Teichabdichtung aufgebracht und auf der Mauerkrone provisorisch verankert. Ein nochmaliges Schutzvlies schützte gegen die anschließenden Werkarbeiten beim Vormauern des inneren Beckens. Die betonierte Mauerkrone auf der Wasserseite wurde schließlich mit einer Zwischenlage als Dehnungsfuge, als breite Brüstung über die Doppelmauer gegossen.

Derartige Anlagen leben von Improvisationen und kleinen Erfindungen. Technik, Formbewusstsein und biologisches Wissen gehen Hand in Hand. Sorgfältige Geländeaufnahmen, detaillierte Aushub- und Konstruktionspläne sind vonnöten. Doch auf dem Bauplatz spielen unerwartete Voraussetzungen mit den nötigen Anpassungen, unterneh-

Oben:
Seitliches Röhricht im ersten
Sommer

Rechts:
Der Beobachtungssteg

114

Winterstimmung

merische Möglichkeiten, menschliche Fehlleistungen und
nicht zuletzt das Wasser die alles überragende Rolle. Die
große Kunst bei derartigen Anlagen liegt darin, technisch für
jede Schwierigkeit die optimale Lösung zu finden und formal aus jeder neuen Situation Gewinn zu schlagen. Unsere
Erfahrung hat gezeigt, dass wir gerade hier im Hinblick auf
eine kostengünstige Lösung unerwartete Formen und am
Ort eine Vielfalt von Biotopen entwickeln konnten, die nie
in einen Plan gezeichnet oder vorausgesehen werden könn-
ten. Die Bodenqualität des Aushubs, angeliefertes Stein- und
Kiesmaterial und vor allem die Art jedes einzelnen
Baumstamms und des Astwerks für die Verbauungen beding-
ten laufend Erfindungsgeist und intuitive Improvisation.

115

Links:
Die Granitstufen über dem beste-
henden Schwimmbecken

Rechts:
Granitrippen zum höher
liegenden Teich

Stufen und Rippen

Die Geschichte dieser Gartengestaltung hat ungeschickt begonnen, doch ist sie typisch für das Verhältnis zwischen Bau und Umgebung. Das schöne Wohnhaus stand vor der Fertigstellung, und der Garten war vom Architekten sorgfältig und mit richtigen Überlegungen geplant worden. Ein Zufall verwies den Bauherrn an uns, um bei den gärtnerischen Einzelheiten beizustehen.

Schon ein erster Blick auf den Garten alarmierte: Ein Rechteck in der westlichen Gartenecke entlang Grenze und Flurstraße – das musste ein Schwimmbad sein. Der zweite Blick auf die Höhenbezüge erschreckte noch mehr: Von der Beckenkante stürzte das Terrain auf 2 m Straßentiefe bei geringem Grenzabstand. Das Stahlbetonbecken war allseitig bis nahezu an die Oberkante mit Isolation eingepackt, so dass der umgebende Boden talwärts nicht abgetieft werden durfte. Guter Rat war hier gefragt.

Doch manchmal darf die Not zur Tugend werden. Die unbestimmte Eck- und Längslage zur Grenze musste über-

spielt, ja gerade zum gewollten Motiv werden. Nur eine große Geste konnte die Situation retten: ein Querstrich durch
das ganze Grundstück im gleichen schiefen Winkel zum Haus
wie das Becken. Schief bedeutet meist missglückt und unge-
lenk, doch im richtigen Augenblick kann es eine ungeheure
Spannung bewirken. Hier ergab sie sich aus dem Kontrast
zur Parallele des Hauses. Also nochmals mit grober Faust die
Striche gespannt, Rippen, Linien und Geländeteiler, ein Mika-
do aus Granit. Plötzlich ist das Becken nicht in einer fernen
Geländeecke platziert sondern Reliefteil einer Skulptur.

Situationsplan

*Der Zugang zum Beckenkopf.
Das Sonnendeck fehlt noch über
dem nicht mehr gebrauchten
Rollladenkasten*

Doch nicht genug damit: Die Rippen werden zu Stufen,
sie gliedern den Höhenunterschied vom Wohnraum zum
Beckenrand, durch den Doppelstrich wird der Granit zum
Körper.

Schließlich finden sich hier entgegen jeder Tradition
statt ausgedehnter Rasenflächen die großen, ruhigen
Spiegelflächen des Wassers, Reflektoren von Licht und

*Schwimmbadecke im Teich.
Deutlich das verschieden-
artige Plankton*

118

dahinziehenden Wolken, Stimmungsträger von Tages- und Jahreszeit.

Dazu kommt dann noch das große Wunder: Eine Familie, die sich abwendet von herkömmlicher Chemie und das quellklare Bergwasser bevorzugt. Das bedeutet Verzicht auf Heizung, keine tägliche Säureprüfung, kein Öffnen und Schließen der Abdeckung, keine Wartung eines Kellers voller Apparaturen und elektronischer Steuerung. Dafür gibt es gesundes natürliches Wasser, getrübt zwar durch die reinigenden Mikrolebewesen, und der Sitzplatz ist ein Ort wie fern in einem Naturschutzgebiet.

Um an warmen Tagen das Plankton im Schwimmbecken etwas zu lichten, insbesondere aber wegen des stimmungsvollen Gemurmels saugt eine kleine Unterwasserpumpe aus dem Schwimmbecken das sprudelnde Wasser ins höher

Im Vordergrund der Strudel im Vorteich, Riegel über Filterzone und anschließend der obere Teich am höher liegenden Sitzplatz

liegende Klärbecken mit Röhricht. Durch den trennenden Sandfilter sickert es dann ins anschließende Becken, läuft im Granitzwickel auf die untere Teichstufe über und fließt über eine Abtiefung des Beckenrandes beim Sonnendeck zurück ins Schwimmbecken.

Vor dem Wohnraum verbleibt ein kleines ebenes Rasenstück oder eine Blumenwiese. Die Grundstücksgrenze mit ihren Höhen und Gefällen wird landschaftlich gegliedert und als Sichtschutz mit einheimischen Heckenzügen gefasst. Auch sie sind je nach Geländeformation, Untergrund und Exposition artenmäßig differenziert mit abschnittsweise dominanten Arten.

So ist dieses Werk ein außergewöhnliches Beispiel dafür geworden, wie ein Privatgarten sich gliedern lässt. Ein kleiner Nutz- und Obstgarten mit Kompostanlage auf der Küchenseite, ein repräsentativer Zugang mit blühenden Trockenstauden um die Treppe und Magnolienarten als Markierung, ein großzügiger Sitzbereich vor dem Wohnzimmer mit kleiner Spielwiese und schließlich die charakterisierenden Wasserflächen, eingefasst von schützenden Naturhecken.

Noch einige technische Bemerkungen: Das gebaute Becken mit vielen schon eingelegten Leitungen machten diese Anlage weit kostspieliger als nötig. Um die schon ausgeführten Vorleitungen an Frischwasserzufuhr mit den Düsen, dem Skimmer und den elektrischen Anlagen zu würdigen, wurden diese zwar verschlossen, aber für irgendeine ferne Zukunft wiederherstellbar gehalten.

Die große Baugrube erforderte, dass die Granitstufen nicht auf gewachsenem Terrain verlegt wurden, sondern durch Geröllbetonriegel für setzungsfreien Unterbau gesorgt werden musste. Nach Auffüllen der Geländesohle auf das gewünschte Gewässerprofil galt es, die Dichtungsfolie zu verlegen.

Zwei Arbeitsabschnitte waren nötig. In einem ersten wurden jene Riegelbereiche mit Streifen überdeckt, wo zunächst die Granitstufen verlegt werden mussten. An sie setzte man die restlichen Granitstufen und isolierte großflächig die Becken mit den Anschlussstreifen an den Granit.

Ein Schlitzteich

Bis in weite Ferne zieht sich die fruchtbare Ebene, ein einziger großer Weinberg mit niedrigen Rebstöcken. An der Landstraße steht noch halb verlassen das kleine Kloster, das einst vielleicht die Herrschaft über das ganze Gebiet ausübte.

Die Stadt ist nahe gerückt. Die Grundstücksstreifen werden aufgegeben, es entsteht ein Mosaik aus Kulturland, Brachland und Bauparzellen.

Hier war es die Aufgabe, Bau und Grundstück als Ganzes zu behandeln und der umgebenden Landschaft noch so viel Respekt entgegenzubringen, wie es die veränderten Ansprüche erlaubten.

Das würfelförmige Haus folgt der Sprache der historischen Nachbarschaft. Es ist mit seitlicher Garage am Eingangshof in die Grundstücksachse gesetzt. Ein großzügiger Platz liegt auf der Wohnseite, seitlich gefasst mit schützenden Mauern. Streng axial liegt der Einstieg ins lange Schwimmbecken, das wie ein Schlitz im Gelände liegt und eine große Perspektive eröffnet, dort wo es in der Länge Raum gibt. Die Wülste der Hügel betonen die Schmalheit. Sie sind aus dem Aushub gebildet und wirken wie schützende Falten fürs Wasser. Noch lassen sich die Längsseiten landwirtschaftlich nutzen, die Grenzen zur Nachbarschaft verwischen und seitlich wird Weite erzeugt.

Der lange Spalt in der Landschaft betont nicht nur das Vorgefundene, er hat auch praktische Vorteile. Bau und Abdichtung sind relativ einfach, und ob Becken und Teich durch einen kleinen Damm zur Gewässerklärung geteilt werden, steht offen. Nötig ist es nicht, denn jedes belebte Wasser sucht immer sein Gleichgewicht und reinigt sich selbst.

Ökologisch gesehen ist diese seltene Situation von besonderer Bedeutung. Lange Uferlinien erlauben eine Fülle unterschiedlicher Biotope und damit auch für die Benutzer unterschiedliche Erlebnisse. Dem Kleinkind wie dem Erwachsenen wird eine Folge von Uferzonen mit Plansch- und Badefreuden geboten.

*Ein erstes Projekt vor der be-
sonnten Gartenmauer*

Der Schlossteich

In Märchen und Sagen erscheint der Schlossteich dunkel
und tief, belebt von bösen und guten Geistern. Das Unbekannte ängstigt uns heute nicht mehr. Staunend erkennen
wir die Wunder der Natur, das Netzwerk der Lebensbezie-
hungen vom kleinsten Einzeller bis zum Greifvogel, die
Zusammenhänge und die Abhängigkeiten von Pflanzen und
Tieren. Der Mensch nimmt daran teil, auch wenn er glaubt,
nur seinen eigenen Gesetzen zu folgen.

122

Das Ausführungsprojekt

Jahrhundertealte Tradition umgeben ein Schlossgut. Seine Bewohner tragen die Sorge um die Bauten und den Park. Diese übernommene Verpflichtung hat hier zusätzliche Ziele erhalten. Die Erfahrung im Umgang mit der Natur und das Wissen um ökologische Zusammenhänge stärkte die Verantwortung für einen zugehörigen Landwirtschafts-betrieb, der nach biologischen Erkenntnissen geführt wird. Unglaubliche Geduld, Sorgfalt und hohes Engagement ermöglichen diese Pionierleistung.

Das Schloss ist kein Museum. Zur harten Arbeit gehören Erholung und gesellschaftlicher Umgang. Für die Erwach-

123

Die alte Mauer mit Spuren abgeräumter Bauten

senen und insbesondere für die Kinder ist das Naturerlebnis in den Tagesablauf integriert. So wurden denn auch an das Baden Ansprüche gestellt und gegenüber Chemie und Technik Vorbehalte eingebracht, welche die Erstellung und den Betrieb eines üblichen Schwimmbades ausschlossen.

Trotz des Bewusstseins, mit einer natürlichen Wasseranlage jahreszeitliche Einschränkungen auf sich nehmen zu müssen und bei Gästen auf Abneigung gegenüber dem märchenhaft geheimnisvollen, belebten Gewässer zu stoßen, entschlossen sich die Eigentümer für den Bau eines Schwimmteichs.

Der Entwurfsweg war kein gerader. Allzu viele Orte lockten: altes Gemäuer, Gehölze und Hecken, ehrwürdige Baumgruppen und Wirtschaftsgebäude. In einem ersten Anlauf bot sich die Nahtstelle von Park und Garten, entlang einer weit gestreckten Mauerwand, sonnenbeschienen und voller Geheimnisse. Die Mauer sollte Schutz bieten für den Aufenthalt, mit einer Pergola versehen und mit Wein oder Rosen begrünt. Sie treppt sich ab ins Schwimmbecken als Raumteiler zwischen dem Park und dem Garten mit seinen Beeten werden und der Perspektive auf den anschließenden Teich und das Gemäuer im Hintergrund. Gegen den Park

124

Die Pforte zu Badefreuden

wäre der Aushub wallartig angeschüttet worden als Spiel mit den Zufälligkeiten des Geländes und der Vegetation.

Das Projekt wurde verworfen, der Garten sollte geschont werden und erhalten bleiben. Der Hintergrund, ein altes Gebäude, wurde als beherrschendes Element einbezogen und bot jene Fassung, die mit dem Gartengemäuer verloren gegangen wäre. Gemäuer ist mehr als Mauer, man spürt das Alter, unbewusst reagiert man auf das kaum wahrnehmbare Netzwerk der Haarrisse, Putzsplitter und Farbflecken – Spuren der Geschichte und Zeugen für Beständigkeit.

Das neue Projekt steht für sich in der Landschaft, gespannt zwischen Mauerkopf und Gebäude. Das Becken ist architektonischer Körper, mit der Stirnseite zum Haus und der Treppe ins Wasser, die eine Längsseite als Steg überhöht und verbreitert. Durch Bronzeringe gezogen sichert ein schweres Schiffstau die innere Beckenseite für die Schwimmer, es ist Hilfsmittel und Ornament, aber auch warmer Rastplatz für den Dauergast, den Laubfrosch.

Das Becken steht im Teich, Bauwerk und Natur zugleich. Eine kleine Springbrunnenpumpe saugt am einen Ende das Wasser ab und entlässt es im Teich als Unterwassersprudel. Am anderen Beckenende liegt am Boden die große Öffnung,

125

Das Vorbild benachbarter
Auenlandschaft

*Fallholz und Pfosten sind Marken
im Gewässer*

127

Der Schwimmteich

128

hinter der auf der Teichsohle eine hohe Sandschicht das Plankton aus dem zurückfließenden Wasser ausfiltert. Noch heute ist nicht bekannt, wie weit diese Klärung des Beckenwassers stattfindet. Wasserqualität, Wärme und Sonnenschein definieren die Dichte der pflanzlichen und tierischen Schwebstoffe und es ist unklar, in welchem Gleichgewicht Verlust und Nachproduktion stehen. Jegliches Plankton aber bedeutet Reinigung des Wassers von gelösten organischen Stoffen und von fremden Mikroben.

Der Einstieg ist Treffpunkt

Oben links:
Der Laubfrosch sonnt sich auf
dem Haltetau

Oben rechts:
Der Einstieg mit Becken und
Nebenteich

Rechts:
Filterzone vor Öffnung zum
Schwimmbecken

130

Oben:
Der Schwimmteich im
Morgendunst

Links:
Schnitt durch den
Treppeneinstieg mit sichtbarer
Filteröffnung

Der welsche Charme am Wasser

J eder Ort erzeugt die ihm eigene Stimmung; es wirkt der genius loci. Im Süden Genfs, nahe der französischen Grenze, liegt wie in einer englischen Parklandschaft mit Eichenalleen und Weißdornhecken das eingeschossige Haus auf einer Lichtung. Das milde Klima lässt das häusliche Leben mit dem Aufenthalt im Freien verweben. Es entsteht

*Unterwasserschwimm-
becken mit abgetrenntem
Reinigungsbecken*

Oben links:
Handwerklich sorgfältige
Ausführung

Oben rechts:
Ufer-Verbauung

Rechts:
Sorgfältige Gestaltgebung gehört
zur geistigen Ökologie

ein Naturbewusstsein, das dem Städter entgeht, das jedoch auch Ansprüche stellt. Ein tiefblau gekacheltes Schwimmbad findet in solcher Umgebung keinen Platz, weder als Form noch mit seiner Atmosphäre.

Großzügigkeit und gallische Heiterkeit begleiteten das Projekt. Ausgehend vom Haus und dem überdachten Vorplatz musste sich die Wasserfläche fließend mit der umliegenden Landschaft verbinden. Ortsfremde Gehölze und Bäume wurden entfernt, um die würdevolle Stimmung der alten Eichen im Hintergrund einzubeziehen.

Den axialen Bezug zum Haus zeichnet die trennende Betonrippe als Steg. Das Schwimmbecken mit Seiten- und Stirnwand liegt unter Wasser, am Kopfende zum Haus hin gefasst mit der kräftigen Blocksteinverbauung und seitlichem Sonnendeck. Der Höhenunterschied vom Sitzplatz zur Wasserfläche wird damit nicht nur technisch, sondern formal überwunden: Er wirkt nicht als nötige Barriere, sondern als Relief, das sich unter Wasser mit dem Treppeneinstieg fortsetzt.

Die nahe gelegene Regenwasserleitung des Hauses
erlaubte es, die Sickerschicht auf die Baugrubensohle direkt
zu entwässern. Sorgfältige Projektvarianten für den Bau der
hausseitigen Steinanlagen hatten einfache Aushubprofile
ermöglicht. Der Grundsatz, maschinell leicht formbare
Profile zu wählen, die vor allem das großflächige Verlegen
der Kunststoffdichtung zulassen, bewährte sich. Eckstücke
und Anschlüsse sind Schwachstellen, denn hier ist nicht nur
das Verschweißen schwierig, sondern vor allem sind Mate-
rialspannungen langfristig eine Gefährdung, falls sich der
Untergrund setzt. Auf großflächig angelegter Teichdichtung
mit schützendem Filzvlies und Überbeton lassen sich ohne
weiteres Fundamente mauern oder gießen und all jene Bauarbeiten ausführen, die das Gelände und das Schwimmbecken verlangen.

Die Wasserfläche spannt sich zwischen dem bestehenden Sitzplatz am Haus und der gegenüberliegenden Grundstücksgrenze. Mit schweren Maschinen durfte das isolierte
Becken selbstverständlich nicht mehr befahren werden.

Die Baugrube

Tonnenschwere Sandsteinblöcke mussten jedoch auf volle Hauslänge versetzt werden. Dank einem fahrbaren Riesenkran mit 20 m Arbeitsradius wurde das Unmögliche machbar.

Im Steinbruch waren bruchrohe Blöcke und Platten von besonderer Charakteristik ausgewählt und auf den Platz transportiert worden. Hier lagen sie nun, die Museumsstücke, ungeordnet und übereinander geschichtet, denn eine schöne Auslegeordnung ist meist der Platzverhältnisse wegen nicht möglich, und warteten auf ihre Verwendung.

Die Zeichnung ist nur Konzept. Die Wahl ist am Ort zu treffen. Dies ist ein unerhört schöpferischer Augenblick für Intuition und Fantasie. Der erste Block ist gesetzt, das Thema gestellt. Nun wird die Antwort gesucht – die formale Kontinuität durch Gestalt oder Struktur. Kleinste Einzelheiten wie ein Bohrloch, eine abgesprungene Ecke, eine Materialrippe, die Kantenbewegung bestimmen die Kompo-

136

Der Rohbau

sition der folgenden Stücke. Höhen werden gegliedert, Gesamtformen gebildet, alle Mosaikteile fügen sich zur großen Form und Bewegung. Der mächtige Kran erlaubt kein Wählen, Wechseln, Verändern. Ein Block wird mit Gurten oder Ketten gefasst, hochgehoben, über das Lager geschwenkt und zentimetergenau durch uns als Dirigenten des Konzerts versetzt. Spontane konzentrierte Intuition erlaubt in wenigen Stunden das Entstehen einer großen Skulptur aus Bruchstücken, von denen sich jedes als Einzelstück in ein Ganzes fügt. Natur wird hier Artefakt.

Dieses Projekt ist ein Beispiel dafür, wie selbstverständlich sich menschliche Kultur und Nutzung mit der freien Natur ergänzen. Überlegte Planung und handwerkliche Perfektion bilden die Voraussetzung, dass Formgebung, Ausführung und Aufwand im richtigen Kosten-Nutzen-Verhältnis stehen. Billige Bastelei oder ungezügelte Improvisation führen zum Misslingen, selbst wenn bei vielen Anlagen die

137

Die fertige Anlage

Auftraggeber nicht einmal wahrnehmen, was ihnen entgangen ist. Die Gestalt und die handwerkliche Ausführung für den menschlichen Aufenthaltsbereich müssen hohen Ansprüchen genügen – man könnte versucht sein zu sagen, es muss sein geistiges Biotop entstehen.

Diesem Bereich stehen die ihrer Eigenentwicklung überlassenen Lebensräume gegenüber. Wir machen Vorgaben

138

durch Art und Tektonik der Materialien, ob Wasser, Feuchtstellen oder Trockenlagen, ob Rohboden, Kies, Sand oder
Holz, ihre Abfolge und ihr Umland und schließlich die Wahl
der Pflanzen, die wir in einem gestrafften Entwicklungs-
prozess eingesetzt haben. Doch dann walten die natürlichen
Lebensprozesse der Vegetation und Nachbarschaften. Als
Sukzessionen bauen sich harmonisch die Habitate auf.

139

Oben:
Natürlich und selbstverständlich
hebt sich die Dammschüttung mit
ihrer Ruderalflora aus der Wiese
des Baumgartens ab

Rechts:
Situationsplan.
Der Reinigungsteich liegt zwischen
Steg und Sonnendeck

Ein Schwimmteich im Obstbaumgarten

Es braucht besonderes Taktgefühl, in den gepflegten, fast parkartigen Obstgarten die Naturlandschaft mit ihrer Geländeerhebung zu setzen. Doch in einer Parkecke im Übergang zur Grenzhecke mit einheimischem Baumbestand ist der landschaftliche Kontrast geradezu zur Selbstverständlichkeit geworden.

Das Aushubmaterial wurde südwärts als Geländemodulation aufgeschüttet und dieser Rohboden teilweise noch mit Wandkies bedeckt. Die Ruderalvegetation mit ihrer Blütenpracht leitet als Wiesensaum zum versteckten Gewässer und dem bergseitigen Gehölz.

Oben rechts:
Sonnendeck und Steg

Oben und unten rechts:
Konstruktionspläne

KLÄRBECKEN

SONNENDECK

FILTERZONE

TREPPE

SCHWIMMBEREICH

RÖHRICHT

GRUNDRISS

SCHNITT 3 - 3

SCHNITT 4 - 4

*Baumstämme markieren räumlich
das Menschenwerk im Kontrast
zur spontanen Naturentwicklung*

Der Teich ist zweigeteilt. Der Schwimmteich wird unter
Wasser vom Schilfrand freigehalten. Quermauern zum Steg
tragen das Sonnendeck und begrenzen die Reinigungszone.
Vom Deck bietet eine seitliche Treppenanlage den Einstieg.
Auf dem Beckengrund liegt die Filterleitung mit Kies und
Sand überdeckt und verbindet unter der Treppe hindurch
das Klärbecken mit dem Teich.

144

Ein Blick entlang den Treppen auf die Baustelle. Die vorgefundenen Findlinge sind zu Gruppen gefügt, der schiefe, noch unbegrünte Kegel unter der Eiche erinnert an das alte Terrain

Ein herrschaftliches Quartierzentrum

In die weite landwirtschaftlich geprägte Umgebung der traditionsverbundenen Hauptstadt wurde auf strengen Achsen und ornamentalen Mustern ein Stadtteil mit Zentrum geplant. Quer und systemwidrig stehen auf Geländekegeln über dem abgesenkten Gelände zwei ehrwürdige alte Eichen.

145

Situationsplan

Oben links:
Blick entlang der Straßenbrüstung
während des Teichbaus. Am ge-
genüberliegenden Ufer erkennt
man noch die grüne Dichtungs-
folie. Grau ist der geworfene Über-
beton mit den dunklen Beton-
haufen zur weiteren Verarbeitung

Oben rechts:
Derselbe Blickwinkel über den
fertigen Teich. Mit Eichen-
stämmen verbautes Steilufer zu
den Wohnbauten und Fels-
brocken im zukünftigen Röhricht
und zum Schutz entlang der
Straßenbrüstung

148

Diagonal überbrückt ein Steg das geometrisch geformte
Gewässer. Große luxuriöse Blöcke mit Eigentumswohnun-
gen richten sich auf die Wasserflächen. Die Aufgabe bestand
aus Widersprüchen: vom traditionellen Form- und Ordnungs-
bewusstsein über den Wunsch nach Repräsentation bis Ruhe-
bedürfnis und dem gegenüber die soziale Verantwortung der
Quartiersgemeinschaft und das Naturverständnis.

Die technischen Probleme lagen in der Wahl der Wasserdichtung, der Baugrubenentwässerung, des Brückenbaus
und der Wasserbewirtschaftung: Quellwasser- und Dach-
wasserzufuhr, Retention und Regelung des Überlaufs.

Gestalterisch löste sich der genannte Widerspruch zu-
mindest teilweise dadurch, dass die geometrische Grundform des Zentrums durch die Straßenbrüstung betont und
durch die Treppenanlage skulptural aufgenommen wird. Die
geschwungenen Ufer zu den Wohnbauten sind jedoch mit
Eichenstämmen und Findlingen verbaut, welche die Geometrie zwar noch erkennen lassen, jedoch als natürlich und

spontan verwilderter Saum zu den konventionell bepflanzten Gärten überleiten.

Unlösbar bleibt freilich der Interessenskonflikt des Quar-
tiers gegenüber den Anrainern: Man wünscht sich hier bis-
weilen einen fröhlichen Badebetrieb der Kinder an heißen
Tagen, gleichzeitig fühlen sich die Anwohner durch solchen
Lärm in ihren eigenen Ruhebedürfnissen gestört und be-
drängt.

Ein beachtenswertes Nebenthema ist die Eisbildung im
Winter. Zum Schutze der Kinder werden zwar Warnungen

*Detail der gefügten Eichenstäm-
me mit markierenden Pfosten. Sie
werden teilweise mit Wandkies
überschüttet und sind Böschungs-
schutz und Nischen für die spontane Uferbepflanzung und für die
Tiere*

Kindheitserlebnis

angebracht und Rettungsmittel bereitgestellt, doch ein immer wieder beobachtetes Urbedürfnis der Kinder verärgert Passanten und Eigentümer: Kein Kiesel und kein Stein am Ufer bleibt am Platz – alles wird aufs Eis geworfen oder geschlittert, des Spaßes wegen und um die Festigkeit zu erkunden.

Zwei Teiche am Waldrand

Die beiden Villen mit der eben fertiggestellten Umgebung ohne Bepflanzung. Erkennbar ist die Trennwand aus Betonpaneelen und einer gekrümmten Stahl-platte

Nach Norden gegen den Waldrand liegen die nachmit-tags besonnten Sitzplätze zweier Villen auf dem ehema-ligen Weideland. Großzügige Plattenbeläge senken sich über eine Treppenfront auf die beiden, in der Höhe aus topogra-

Oben links:
Durchsicht zwischen den Häu-
sern gegen Teich und Waldrand.
Links im Bild die Betonpaneelen
und die Stahlwand. Schön sieht
man den Einbezug des land-
schaftlichen Hintergrundes

Oben rechts und unten:
Sitzplatz, Treppenanlage, stehen-
de Betonpaneelen (die Stahlwand
rechts außerhalb des Bildaus-
schnittes), Holzverbauung und
kiesiger Boden mit den
Findlingen bilden ein streng
gestaltetes Relief

Situationsplan

phischen Gegebenheiten leicht gestaffelten Gewässer. Bau-
gesetzliche Auflage war es, die Dach- und Oberflächenwasser über ein Retentionsbecken in den nahe liegenden
Bach zu entleeren, was sich bei ersten schweren Regenfäl-
len schon bewährt hat.

Unter Wasser ist im größeren Weiher das Unterwasserbecken erkennbar. Es ist ein vegetationsloser Bereich mit
glatten Oberflächen zur leichten Reinigung.

Eichenstämme in Wildform – minderwertiges Nutzholz
– fassen geschichtet und gefügt die Steilstellen. Ornamental
markieren diese Pfosten das Gelände und bieten den Vögeln
Platz. Ein kunstvolles Fügen verlangen die wildwüchsigen
Hölzer, Verbauung, Ergänzung mit vorgefundenen Findlingen als Landschaftsskulptur mit Boden und Wasser.

*Treppenfront, Beckenkante und
Holzverbauung*

154

Die neue Gartenkultur liegt in der Spannung von Menschenwerk mit dem Respekt vor den natürlich gewachsenen Materialien und der Ergänzung und Verbindung mit der zukünftigen spontanen Vegetation. Ein Kranz natürlicher Biotope umkleidet die Badefläche – Natur vor der Haustüre.

Das Zentrum einer Einfamilienhaus-Überbauung

A m leicht geneigten Westhang stehen zwei Zeilen Einfamilienhäuser mit großer Freifläche dazwischen. Bergseitig wurde die Stufung für eine Unterflurgarage genutzt mit den darüber liegenden Privatgärten. Bei dem Gedanken

Projekt des Überbauungszentrums. Von rechts das Rinnsal des Wiesenbächleins entlang der Garagenkante. Es unterquert den Dorfplatz zum Reinigungsbecken, von da im Rohr zum Planschbecken. Der Bachauslauf ist hier noch bewusst als Kanal gestaltet

DORFPLATZ

ELWIESE   PLANSCH-TEICH

Vom Dorfplatz der Blick auf den mit Steinbrocken und Röhricht gefassten Planschteich. Als Kante erkennbar die dreistufige Treppe ins Wasser

an „Kinderfreundlichkeit" richtet sich das Augenmerk unwillkürlich auf die gemeinsamen Bereiche entlang der Fußgängerachse und dem Gemeinschaftszentrum.

Dorfplatz, Planschteich mit Bachauslauf und Spielwiese sind die bestimmenden Räume. Für ein kleines Feldgewässer war Gebot, offen das Wasser durch die Überbauung zu führen. Das Projekt nutzt die Attraktivität dieses Elementes, um auf die ganze Länge begeh- und bespielbare Ufer entlang der Garagenwand und der Spielwiese zu gestalten. Es durchfließt einen kleinen Reinigungsteich mit Röhrichtbeständen – Schutz und auch Hindernis für die Kinder. Vom „Dorfplatz" senkt sich die breite Treppe zum Wasserspiegel – die im Aushub zu Tage gebrachten Gletscherfindlinge gliedern den Raum und markieren Platz und Gewässer. Der kleine Teich ist stimmungsbildend und erlaubt den Kindern im Sommer das Planschen im kühlen Nass.

Auch hier wurden sichernde Maßnahmen getroffen: Steilstellen hat man durch Verbauung und Bepflanzung als Hindernis für die Zugänglichkeit gestaltet, Flachstellen dafür übersichtlich und griffig geführt. Früh schon sollen Kleinkinder unter den Augen der Mütter den Umgang mit diesem Urelement erkunden und erfahren.

Bachauslauf und im Hintergrund der Planschteich mit großer Treppe in Fertigstellung. Die Dichtungsfolien werden mit Schutzbeton überworfen und nass in nass überkiest. Darauf lassen sich schadlos die Findlinge verbauen. Die noch sichtbaren Folienkanten werden ganz zum Schluss überdeckt

157

Literaturverzeichnis

Aichele, D. und M. Golte-Bechtle: Was blüht denn da?
 Franckh-Kosmos Verlags-GmbH, Stuttgart 1989, 52. Aufl.
Engelhardt, W.: Was lebt in Tümpel, Bach und Weiher?
 Franckh-Kosmos Verlags-GmbH, Stuttgart 1989, 13. Aufl.
Kleeberg, J.: Schöne Naturgärten. Verlag Eugen Ulmer,
 Stuttgart 1989.
Leimbacher, J.: Die Rechte der Natur. Helbing und
 Lichtenhahn, Basel und Frankfurt am Main, 1988.
Lohmann, M.: Öko-Gärten als Lebensraum. Ex Libris Verlag
 und Grammoclub, Zürich 1983.
Loidl-Reisch, C.: Der Hang zur Verwilderung. Picus Verlag,
 Wien 1986.
Melville, H.: Taipi. Dieterich'sche Verlagsbuchhandlung,
 Leipzig 1953. Deutsche Übers. von Ilse Hecht; Lizenz
 Ex Libris, Zürich 1981.
Neuenschwander, E.: Niemandsland. Birkhäuser-Verlag,
 Basel 1988.
Oberdorfer, E.: Pflanzensoziologische Exkursionsflora. Verlag
 Eugen Ulmer, Stuttgart 1990, 6. Aufl.
Streble, H. und D. Krauter: Das Leben im Wassertropfen.
 Franckh-Kosmos Verlags GmbH, Stuttgart 1988, 8. Aufl.

Bildquellen

Alle Fotos und Zeichnungen vom Verfasser, mit Ausnahme
 folgender Bilder:
Seite 38 und 39: Limnologisches Institut der Universität Zürich
Seite 41: Dr. H. R. Preisig
Seite 71: H. J. Volkart
Seite 74: A. Neuenschwander
Seite 90 rechts unten: Ch. Schenkel
Seite 101: Dr. E. Neuenschwander
Seite 129: M. Althann
Seite 133, 137, 138 und 139: K. Färber

Sachregister